企業再生の税務

税　民事再生
務　会社更生
　　破産手続詳説

税理士
橘 素子

一般財団法人
大蔵財務協会

はしがき

　取引先の倒産などにより多くの企業が多額の不良債権を抱えることになり、このような状況下、支払不能に陥るおそれのある債務者の経済的な再生を図ることを目的として、「民事再生法」が制定され、平成12年4月1日より施行され、企業の再建に活用されています。

　また、バブル崩壊後の平成8年から企業再生を可能とする倒産法制全体の見直しが行われ、平成15年4月から新会社更生法が施行され、さらに平成17年1月からは新破産法が施行され、わが国における体系的な倒産法制が出来上がりました。

　平成17年度法人税法改正により、企業が破綻に陥った場合に債権者の協力を得て再建していく、いわゆる企業再生（民事再生手続だけではなく、会社更生手続及び私的整理を含む。）には税法上の特例が準備され、債権者から債権放棄を受けた場合の債務免除益に対する課税関係が調整されています。

　平成22年度法人税法改正では、清算所得課税を廃止して、清算中の内国法人である普通法人又は協同組合等について、通常所得課税に移行され、内国法人が解散し、残余財産がないと見込まれるときは、期限切れ欠損金の損金算入が認められました。

　一方、債権者については、貸倒損失、貸倒引当金の設定に関する取扱いが、株主については株式評価損の取扱いが、また役員を想定して、保証債務を履行するために私財を売却した場合の譲渡所得税の特例規定が定められています。

　本書は、事業再生における共通的な「税務」に関する記述に特化して具体的に説明するとともに、民事再生法、会社更生法などの倒産法制に定められた特例との関わりについて実務に役立つ書となるよう工夫しました。

　また、再生債務者、債権者、株主などの再生関係者ごとの税務上の特例について図表を多用して、わかりやすく網羅的に解説しています。

　さらに、租税徴収の立場からは、倒産法制との徴収上の調整が図られているこ

とから、税務当局、管財人である弁護士等との交渉に関しても言及しています。破産手続中の会社にあっても、消費税については通常どおり課税されることから、財団債権となる消費税等の納付をする一方、税務申告を利用することにより破産財団の増殖を図ることができる場合もあることから、破産管財人はこの点に留意する必要があります。

　このように、企業倒産に関わる企業の総務、経理の担当者、税法を含めた法律全般にわたる総合的なアドバイスをする弁護士、公認会計士、税理士の皆さんの問題解決の一助となれば喜びに堪えません。

　終わりに、本書出版の機会を与えていただいた大蔵財務協会の木村理事長をはじめ、執筆に当たり終始ご支援をいただいた編集局の皆様に心から御礼を申し上げます。

　令和2年3月

税理士　　橘　素子

〔凡　例〕

(1)　法令
　　　法人………………………法人税法
　　　法人令……………………法人税法施行令
　　　法人規……………………法人税法施行規則
　　　措置………………………租税特別措置法
　　　所得………………………所得税法
　　　所得令……………………所得税法施行令
　　　所得規……………………所得税法施行規則
　　　相続………………………相続税法
　　　消費………………………消費税法
　　　徴収………………………国税徴収法
　　　通則………………………国税通則法
　　　通則令……………………国税通則法施行令
　　　地方………………………地方税法
　　　地方令……………………地方税法施行令
　　　会社………………………会社法
　　　会社規……………………会社法施行規則
　　　民事再生…………………民事再生法
　　　会社更生…………………会社更生法
　　　民事執行令………………民事執行法施行令
　　　破産………………………破産法
　　　一般法人…………………一般社団法人及び一般財団法人に関する法律

(2)　通達
　　　法基通………………………法人税基本通達
　　　所基通………………………所得税基本通達
　　　徴基通………………………国税徴収法基本通達

(3)　判例集・法律雑誌
　　　民集………………………最高裁判所民事判例集
　　　集民………………………最高裁判所裁判集民事
　　　訟月………………………訟務月報
　　　判時………………………判例時報
　　　判タ………………………判例タイムズ
　　　金商………………………金融・商事判例

※　本書は、令和2年3月1日現在の法令・通達によっています。

〔目　次〕

第1章　再生・倒産処理手続の概要 … 1

第2章　税務申告及び請求等 … 5

第4章　民事再生 … 65

第1節　民事再生手続 ……………………………………………… 65

第2節　個人再生手続 ……………………………………………… 88

第5章　会社更生 … 119

第7章　破産 … 187

第8章　債権者の税務 … 235

第1章　再生・倒産処理手続の概要

　再生・倒産手続を類型化する重要な視点が、再建型手続・清算型手続との分類である。

　再建型手続は、債権者から債務の一部の免除を受け、再建計画に従った弁済だけを受けさせるにとどめることにより、債務者の事業を再建することを目的とする手続であり、会社の事業は継続する。

　これに対し、清算型手続は、債務者の総財産を金銭化し、債権者に分配することを目的とする手続であり、目的を達成する会社は法的に消滅することになる。

2

▶倒産4法手続比較表

| | 再　建　型 | | 清　算　型 | |
	民　事　再　生	会　社　更　生	破　　産	特　別　清　算
手続の目的	事業又は経済生活の再生	大規模株式会社の事業の維持・更生	清算、財産の公平な分配	株式会社の清算の迅速な手続
根　拠　法	民事再生法	会社更生法	破産法	会社法（510～574、857、858、879～902）
適　用　対　象	個人・法人その他の社団又は財団	株式会社（大企業）	個人・法人その他の社団又は財団	清算中の株式会社
特　　色	事業再建のためのいくつかのメニューを提供 ①ＤＩＰ型 ②後見型 ③管理型	管財人による事業の経営と更生計画案の作成。関係人の多数による同意と裁判所の認可を得て更生計画を遂行し、会社を再建する。	破産管財人が債務者の総財産（破産財団）を換価処分し、債権者へ平等公平な配分をする。	裁判所の監督による清算手続。清算人作成の協定案につき債権者の多数決による可決で分配する。
申　立　原　因	①債務弁済が事業の継続に著しい支障をきたすとき ②破産の原因たる事実の生ずるおそれがあるとき	①事業の継続に著しい支障をきたすことなく弁済期にある債務を弁済することができないとき ②破産の原因たる事実の生ずるおそれがあるとき	①支払をすることができないとき ②債務者が支払を停止したときは支払不能と推定される。 ③法人の場合は債務超過も破産原因となる。	①清算の遂行に著しい支障をきたすべき事情 ②債務超過の疑いありと認められるとき

	再　建　型		清　算　型	
	民　事　再　生	会　社　更　生	破　　産	特　別　清　算
開始決定の効力	他の手続の中止等 訴訟の中断 行為の制限	更生債権の弁済禁止 個別的権利行使禁止 他の倒産手続の禁止・中止 訴訟の中断	管理処分権の喪失 個別権利行使禁止 訴訟の中断	他の手続の中止 行為の制限
機　　関	再生債務者	管財人 関係人集会	管財人 債権者集会	清算人 債権者集会　ただし、個別和解方式のときは債権者集会不要
包括的禁止命令	あり ただし競売、滞納処分は適用外	担保権競売・滞納処分も含める。	交付要求を除く租税滞納処分	なし
滞納処分 開始後新規	可	できない。	できない。	可
滞納処分 進行中のものの中止	なし	職権中止	既執行のものは続行可	なし
事　業　譲　渡	再生計画認可前の事業譲渡ができる。	更生計画認可前の事業譲渡は裁判所の許可により可	裁判所の許可でできる。	裁判所の許可でできる。
財　産　の　評　価	清算処分価値 再生計画案の合理性判断	更生手続開始時における時価評価による。	清算価格	清算価格

	再　建　型		清　算　型	
	民　事　再　生	会　社　更　生	破　　産	特　別　清　算
債権の届出及び調査・確定手続の有無と効力	届出制 債権の確定 確定判決と同一の効力	届出制	届出制	届出催告制度あり除斥
	認否書 異議 自認債権	調査・確定 認否書及び書面による異議により調査を行う。	調査・確定	債権確定手続なし、不届債権者について弁済から除斥制度あり
	届出しないと失権 債務者が認否書に記載すれば届出しなくとも失権しない。 債権者表は債務名義となる。	届出しないと失権	期間後届出も可 債権者表は債務名義となる。	知れたる債権者以外除斥 協定に債務名義の効力なし
弁済計画の決定機関	債権者集会における再生計画案の議決 裁判所の認可	関係人集会における更生計画の議決 裁判所の認可	管財人による配当表作成、公告 裁判所書記官の許可	清算のための協定の決議 裁判所の認可
労働債権の処遇	一般優先権 手続除外、再生手続によらないで随時弁済	優先的更生債権 一部は共益債権	財団債権 優先的破産債権	実体法による優先債権
租税債権の優先性に対する制約	なし(手続除外) 一般優先債権	あり 優先的更生債権 開始後の原因に基づく場合は共益債権	なし (財団債権)	なし

第2章　税務申告及び請求等

　整理手続中には、過去の決算書や帳簿等を調査し、税金の過大納付があれば、5年以内の分については更正の請求を行う。

　過去の過大納付が粉飾決算に基づくものであれば、粉飾の実態を解明した上で会社がその帳簿を修正してその処理に基づく確定申告書を提出した後、更正の請求と還付請求を行う。

　平成22年度税制改正により、財産法的な扱いであった清算所得課税は廃止され、損益法的な通常の所得課税方式に移行されることとなった。財産法から損益法へ移行されたことへの対応として、債務超過会社が清算する場合に債権者から債務免除を受けることによって生ずる債務免除益についても、清算中に終了する事業年度の所得の計算上、益金に算入されることになった。当該事業年度において債務免除益に見合う損金がない場合には、課税が生ずることになるが、清算法人の税負担を考慮して、期限切れ欠損金を損金に算入できる制度が創設された（法人59③）。

第1節　税務申告の種類

1　確定申告書

　通常の申告書である。破産や清算の場合の解散事業年度については、通常どおりこの申告書が使われる。

2　中間申告書

　前期の税額の半額を中間期末から2か月以内に申告するものである。会社更生

の場合には適用されない（会社更生232③）。

3　仮決算による中間申告書

　中間期を1事業年度とみなして仮決算を行い中間期から2か月以内に申告するもので（法人72①）、当中間期の業績が前年実績の2分の1より下回る場合に利用される。

　平成23年4月1日以降開始事業年度について、以下の場合には仮決算による中間申告書の提出はできない。

(1)　前事業年度の確定法人税額を前事業年度の月数で除し、これに6を乗じて計算した金額が、10万円以下である場合又はその金額がない場合。

(2)　仮決算による中間申告書に記載すべき法人税の額が、前事業年度の確定法人税額を前事業年度の月数で除し、これに6を乗じて計算した金額を超える場合。

第2節　みなし事業年度

1　法人が事業年度の中途で解散した場合

　内国法人が事業年度の中途において解散（合併による解散を除く。）をした場合には、その事業年度開始の日から解散の日までの期間及び解散の日の翌日からその事業年度終了の日までの期間をその事業年度とみなすこととされている（法人14①一）。

　なお、この場合の解散の日とは、株主総会その他これに準ずる総会等において解散の日を定めたときはその定めた日、解散の日を定めなかったときは解散の決議の日、解散事由の発生により解散した場合にはその事由発生の日となる（法基通1－2－4）。

　会社法又は一般社団法人及び一般財団法人に関する法律に規定する清算事務年度とは、株式会社、又は一般社団若しくは一般財団法人（以下「株式会社等」という。）が解散をした場合における、その解散をした日の翌日又はその後毎年その日に応答する日から始まる各1年の期間をいう（会社494、一般法人227）。

　したがって、事業年度の中途において株式会社等が解散した場合におけるみなし事業年度は次のとおりである。

　なお、破産手続開始の決定による解散の場合であって、破産手続開始の決定による解散の場合や、合同会社等の持分会社が解散した場合については、清算事務年度は定められておらず、みなし事業年度は、その事業年度開始の日から解散の日までの期間及びその解散の日の翌日から法人が定款等で定めた事業年度終了の日までの期間となる。

〈**株式会社が解散した場合**〉

3月決算法人を前提とし、解散の日はX1年9月30日とする。

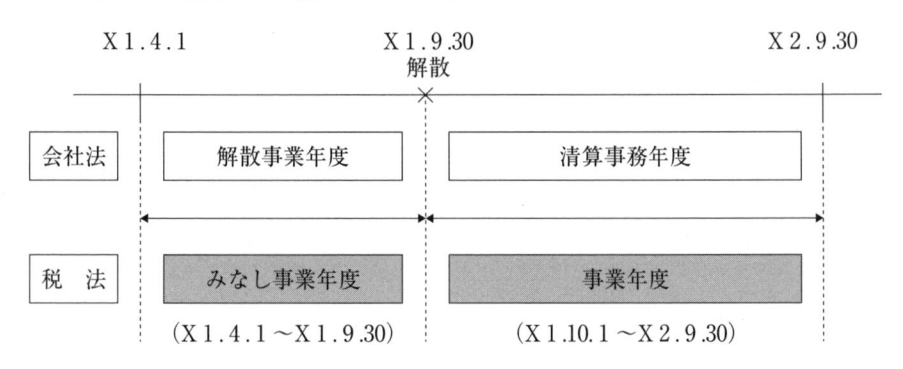

2 清算中の法人の残余財産が事業年度の中途で確定した場合

清算中の法人の残余財産が事業年度の中途において確定した場合には、その事業年度開始の日から残余財産の確定の日までの期間を1事業年度とみなすこととされている（法人14①二十一）。

〈**残余財産が事業年度の中途で確定した場合**〉

3月決算法人を前提とし、解散の日はX1年9月30日とする。また、残余財産確定の日はX5年5月31日とする。

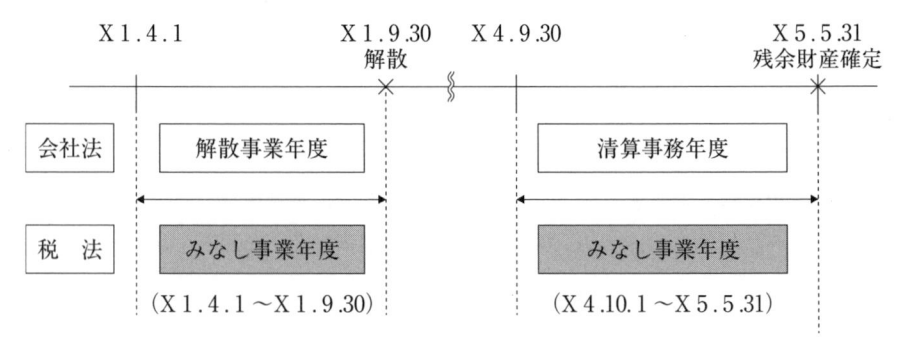

第3節　更正の請求

　過年度の法人税の税額が、法人税法に従っていなかったこと又は計算に誤りが
あったことによって過大であった場合には、更正の請求をなすことにより、納め
過ぎの税額の還付を受けることができる（通則23①）。

　この請求の期限は、平成23年度税制改正により、平成23年12月2日以後に確定
申告書の提出期限が到来する国税から原則として5年に延長された。平成23年度
税制改正以前は、前年の確定申告書の提出期限から1年以内とされていたから、
通常の1年決算の場合は翌期の確定申告書の提出期限と同時となっていた。

　現実には、決算手続を進めていくなかで、前期分について誤りを見つけるのが
ほとんどだと考えられるから、破産、清算（特別清算を含む。）の場合は解散事業
年度の申告期に併せて検討しておくことが適切である。

　なお、更正の請求の期限は、1年以内から5年以内に延長された。整理手続の
場合は過去の決算等の見直しを行うので、その機会に払い過ぎの税額の還付を請
求期限の延長を有効に活用して受けるべきである。

第4節　欠損金の繰戻しによる還付

1　通常の欠損金の繰戻しによる還付

　ある事業年度において欠損が生じた場合に、還付の対象となる課税所得のある事業年度（以下「還付所得事業年度」という。）の法人税額のうち、当該欠損金額が還付所得事業年度の所得に占める割合分の還付を求めることができる制度である（法人80①）。

　還付税額＝（前期法人税額＋前期税額控除合計）×当期欠損金額÷前期所得金額

　当年度の欠損金が還付所得事業年度の課税所得を上回ることになった場合には、一定の手続を経て還付所得事業年度分として納付した法人税が全額還付されることになる。清算や法的整理には次の2の還付制度が適用されるが、第3章に記載する任意整理の場合には2の還付制度は適用されず、又は制約があったりするので、この制度が利用できる場合には必ず利用することが必要である。

　しかし、租税特別措置法が資本金又は出資金の額が1億円以下の中小法人以外の法人について、適用を停止しているため、現在のところ、中小法人であることも本制度の適用要件となっている。

　この還付を受けるためには、還付所得事業年度から還付請求を行う欠損金の事業年度（以下「欠損事業年度」という。）まで青色申告書を提出していること、欠損事業年度については期限内に申告していること、すなわち1年決算の法人の場合は欠損事業年度と還付所得事業年度について青色申告書を提出し、欠損事業年度については期限内に申告をしていることが要件となっている（同法80③）。

　還付所得事業年度分については、期限内の申告であることを要求されていないが、期限後の申告は青色申告の承認の取消しの原因となるので（同法127①）、結果的には還付所得事業年度分が青色申告できなくなり、この制度が利用できなくなる可能性があり、注意すべきである。

　また、欠損事業年度については、申告書と併せて、下記のような還付請求書を期限内に提出しなければならない（同法80⑤）。

2　欠損金の繰戻し還付の特例

　通常の欠損金の繰戻し還付以外に特定の場合の繰戻し還付が認められている。特定の場合とは次のような場合とされている（法人80④、法人令154の3）。

① 　解散（破産、特別清算を含む。）

② 　事業の全部の譲渡

③ 　会社更生法又は金融機関の更生手続の特例等に関する法律に規定に基づく更生手続開始の申立て

④ 　事業の全部の相当期間の休止

⑤ 　事業の重要部分の譲渡

⑥ 　民事再生法の再生手続の開始決定

　これらの事実が生じた場合に、当該事実が生じた日前1年以内に終了したいずれかの事業年度又は同日の属する事業年度の欠損金額をこれらの事業年度開始の日前1年以内に開始したいずれかの事業年度に繰り戻し、法人税額の還付を請求することができる（法人80④）。

　原則規定（同条①）により還付請求を行う場合には、欠損事業年度の確定申告書を期限内に提出し（同条③）、かつ同時に還付請求書を提出しなければならないため（同条①）、失念その他の理由によりこの期限を逸してしまうと、当該還付事業年度の法人税は永久に還付を受けられないことになる。しかし、この特例規定に該当する場合には、「事実が生じた日前1年以内に終了した欠損事業年度」の前事業年度が還付所得事業年度である場合にも、又は「事実が生じた日の属する欠損事業年度」の前事業年度が還付所得事業年度である場合にも、欠損事業年度の確定申告書と還付申告書を事実が生じた日以後1年以内に提出すればよいことになる。

　つまり、2つの欠損事業年度について、確定申告書と還付請求書の提出期限の

緩和措置が施されていることになる。

欠損金の繰戻しによる還付請求書

※整理番号	
※連結グループ整理番号	

税務署受付印

令和　年　月　日

	〒
納　税　地	電話(　　)　　　－
（フリガナ）	
法 人 名 等	
法 人 番 号	┃ ┃ ┃ ┃ ┃ ┃ ┃ ┃ ┃ ┃ ┃ ┃ ┃
（フリガナ）	
代 表 者 氏 名	㊞
代 表 者 住 所	〒
事 業 種 目	業

税務署長殿

法人税法第80条の規定に基づき下記のとおり欠損金の繰戻しによる法人税額の還付を請求します。

記

欠 損 事 業 年 度	自 平成・令和　年　月　日 至 平成・令和　年　月　日	還付所得事業年度	自 平成・令和　年　月　日 至 平成・令和　年　月　日

区　　　　　分			請 求 金 額	※ 金 額
欠損事業年度の欠損額	欠　　損　　金　　額	(1)		
	同上のうち還付所得事業年度に繰り戻す欠損金額	(2)		
還付所得事業年度の所得金額	所　　得　　金　　額	(3)		
	既に欠損金の繰戻しを行った金額	(4)		
	差引所得金額（（3）－（4））	(5)		
還付所得事業年度の法人税額	納 付 の 確 定 し た 法 人 税 額	(6)	0 0	
	仮装経理に基づく過大申告の更正に伴う控除法人税額	(7)		
	控　　　除　　　税　　　額	(8)		
	使 途 秘 匿 金 額 に 対 す る 税 額	(9)	0 0	
	課税土地譲渡利益金額に対する税額	(10)		
	リ ー ス 特 別 控 除 取 戻 税 額	(11)		
	法人税額（（6）＋（7）＋（8）－（9）－（10）－（11））	(12)		
	既に欠損金の繰戻しにより還付を受けた法人税額	(13)		
	差引法人税額（（12）－（13））	(14)		
還 付 金 額 （（14）×（2）／（5））		(15)		

請 求 期 限	令和　年　月　日	確定申告書提出年月日	平成・令和　年　月　日

還付を受けようとする金融機関等	1　銀行等の預金口座に振込みを希望する場合 　銀行　　　　　　　　本店・支店 　金庫・組合　　　　　出　張　所 　漁協・農協　　　　　本所・支店 　　　　預金 口座番号	2　ゆうちょ銀行の貯金口座に振込みを希望する場合 　貯金口座の記号番号　　　－ 3　郵便局等の窓口での受け取りを希望する場合 　郵便局名等

この請求書が次の場合に該当するときは、次のものを添付してください。
1　期限後提出の場合、確定申告書をその提出期限までに提出することができなかった事情の詳細を記載した書類
2　法人税法第80条第4項の規定に基づくものである場合には、解散、事業の全部の譲渡等の事実発生年月日及びその事実の詳細を記載した書類
3　租税特別措置法第66条の13第2項の設備廃棄等欠損金額に係る請求である場合には、農業競争力強化支援法施行規則第20条第1項の証明に係る同条第2項の申請書の写し及び当該証明書の写し

（規格 A 4）

税 理 士 署 名 押 印	㊞

※税務署処理欄	部門	決算期	業種番号	番号	整理簿	備考	通信日付印	年 月 日	確認印

01. 06 改正

14

欠損金の繰戻しによる還付請求書の記載要領等
（ 単 体 申 告 用 ）

1　この請求書は、次に掲げる場合に使用してください。
　(1)　法人税法（以下「法」といいます。）第 80 条第 1 項によって各事業年度において生じた欠損金額をその事業年度開始の日前 1 年以内に開始したいずれかの事業年度に繰り戻し、法人税額の還付を請求する場合
　　(注)　法第 80 条第 1 項の規定は、平成 4 年 4 月 1 日から令和 2 年 3 月 31 日までの間に終了する各事業年度において生じた欠損金額については、次の①から③までの欠損金額を除き、適用されませんからご注意ください。
　　　①　次のイからニまでに掲げる法人の欠損金額（租税特別措置法第 66 条の 13）
　　　　イ　普通法人（投資法人及び特定目的会社を除きます。）のうち、当該事業年度終了の時において資本金の額若しくは出資金の額が 1 億円以下であるもの（次の(イ)又は(ロ)に掲げる法人に該当するものを除きます。）又は資本若しくは出資を有しないもの（保険業法に規定する相互会社及び外国相互会社（以下「相互会社等」といいます。）を除きます。）
　　　　　(イ)　大法人（次に掲げる法人をいい、以下(ロ)までにおいて同じです。）との間にその大法人による完全支配関係がある普通法人
　　　　　　(i)　資本金の額又は出資金の額が 5 億円以上である法人
　　　　　　(ii)　相互会社等
　　　　　　(iii)　法第 4 条の 7 に規定する受託法人
　　　　　(ロ)　普通法人との間に完全支配関係がある全ての大法人が有する株式及び出資の全部をその全ての大法人のうちいずれか一の法人が有するものとみなした場合においてそのいずれか一の法人とその普通法人との間にそのいずれか一の法人による完全支配関係があることとなるときのその普通法人
　　　　ロ　公益法人等又は協同組合等
　　　　ハ　認可地縁団体、管理組合法人、団地管理組合法人、法人である政党等、防災街区整備事業組合、特定非営利活動法人、マンション建替組合、マンション敷地売却組合
　　　　ニ　人格のない社団等
　　　②　平成 22 年 10 月 1 日以後に解散が行われた場合における清算中に終了する事業年度において生じた欠損金額（租税特別措置法第 66 条の 13、平 22 法律第 6 号改正法附則第 93 条）
　　　③　次のイからハまでに掲げる要件を満たす欠損金額（設備廃棄等欠損金額）（租税特別措置法第 66 条の 13）
　　　　イ　青色申告書を提出し、農業競争力強化支援法第 19 条第 1 項に規定する認定事業再編事業者（同法第 2 条第 5 項に規定する事業再編の実施と併せて施設の撤去又は設備の廃棄を行う場合の当該施設又は設備（以下「対象設備」といいます。）が記載された同法第 18 条第 1 項に規定する事業再編計画（以下「特定事業再編計画」といいます。）について同条第 1 項の認定を受けたものに限ります。）である法人（①に掲げる法人を除きます。）であること。
　　　　ロ　平成 29 年 8 月 1 日から令和 2 年 3 月 31 日までの間に終了する事業年度（租税特別措置法第 46 条の 2 並びに同条の規定に係る同法第 52 条の 2 第 1 項及び第 4 項並びに同法第 52 条の 3 第 1 項から第 3 項まで、第 11 項及び第 12 項の規定の適用を受ける事業年度を除きます。）において生じた欠損金額であること。
　　　　ハ　ロのうち、法人が、その有する国内にある減価償却資産（その事業再編促進対象事業（農業競争力強化支援法第 2 条第 7 項に規定する事業再編促進対象事業をいいます。）の用に供されていたものにつき、ロに記載する事業年度においてイに記載する認定に係る特定事業再編計画（同法第 19 条第 1 項の規定による変更の認定があった場合には、その変更後のもの）に基づく設備廃棄等（当該特定事業再編計画に記載された対象設備について同法第 2 条第 5 項に規定する事業再編の実施と併せて行われる撤去又は廃棄をいいます。）を行った場合の当該設備廃棄等を行ったことにより生じた損失の額のうち、農業競争力強化支援法施行規則第 20 条第 1 項各号別列記以外の部分の合計額に達するまでの金額であること。
　(2)　法第 80 条第 4 項の規定によって次に掲げる解散等の事実（以下「解散等の事実」といいます。）が生じた場合に、当該事実が生じた日前 1 年以内に終了したいずれかの事業年度又は同日の属する事業年度において生じた欠損金額をこれらの事業年度開始の日前 1 年以内に開始したいずれかの事業年度に繰り戻し、法人税額の還付を請求する場合
　　イ　解　散（適格合併による解散を除きます。）
　　ロ　事業の全部の譲渡
　　ハ　更生手続の開始
　　ニ　事業の全部の相当期間の休止又は重要部分の譲渡（これらの事実が生じたことにより繰越欠損金の損金算入の適用を受けることが困難となると認められるものに限ります。）
　　ホ　再生手続開始の決定
2　欠損金の繰戻しによる法人税額の還付請求は、欠損金額の繰戻しの対象となる所得金額及び法人税額の生じた事業年度（以下「還付所得事業年度」といいます。）から、当該欠損金額の生じた事業年度（以下「欠損事業年度」といいます。）まで、連続して青色申告書である確定申告書を提出している場合に限って請求することができます。
3　この請求書は、次の提出期限までに、納税地の所轄税務署長に 1 通（調査課所管法人の場合は 2 通）提出してください。この場合、還付所得事業年度が 2 以上ある場合には別葉に作成して提出してください。
　(1)　法第 80 条第 1 項の規定によって提出する場合は、欠損事業年度の確定申告書の提出期限
　　　なお、やむを得ない事情によって確定申告書をその提出期限までに提出することができなかったものと税務署長が認めた場合には、期限後提出のものでも有効に取り扱われることになっていますので、このような場合には、その事情の詳細を記載した書類を添付してこの請求書を提出してください。
　(2)　法第 80 条第 4 項の規定によって提出する場合は、解散等の事実が生じた日以後 1 年以内
4　この請求書の各欄は、次に記載します。
　(1)　「※」欄は、記載しないでください。
　(2)　「欠損事業年度の欠損金額」の各欄

　イ　「欠損金額(1)」欄には、欠損事業年度において生じた欠損金額（申告書別表一（平成31年4月1日前終了事業年度においては、別表一（一）、別表一（二）又は別表一（三））の「所得金額又は欠損金額」欄に記載された欠損金額）を記載してください。
　ロ　「同上のうち還付所得事業年度に繰り戻す欠損金額(2)」欄には、欠損事業年度の欠損金額のうち還付所得事業年度に繰り戻しをしようとする金額を記載してください。
　　なお、その欠損事業年度において生じた災害損失欠損金額について欠損金の繰戻しを行った場合には、その災害損失欠損金額を除いた金額を記載してください。また、1(1)(注)③の設備廃棄等欠損金額の場合には、欠損事業年度の欠損金額（災害損失欠損金額について欠損金の繰戻しを行った場合には、その災害損失欠損金額を除いた金額）のうち当該設備廃棄等欠損金額を超える部分の金額はないものとしてください。
　　(注)　欠損事業年度の欠損金額は、この請求書を提出する日までに確定した還付所得事業年度の所得金額が限度となりますからご注意ください。
(3)　「還付所得事業年度の所得金額」の各欄
　イ　「所得金額(3)」欄には、還付所得事業年度の所得金額（申告書別表一（平成31年4月1日前終了事業年度においては、別表一（一）、別表一（二）又は別表一（三））の「所得金額又は欠損金額」欄に記載された所得金額ですが、その事業年度について更正が行われている場合には、更正決定通知書の「所得金額又は欠損金額」欄に記載された更正後の所得金額）を記載してください。
　ロ　「既に欠損金の繰戻しを行った金額(4)」欄には、還付所得事業年度について、既に欠損金又は災害損失の繰戻しにより、その一部の法人税額の還付を受けている場合にその繰戻しを行った欠損金額又は災害損失欠損金額を記載してください。
(4)　「還付所得事業年度の法人税額」の各欄
　イ　「納付の確定した法人税額(6)」欄には、還付所得事業年度の申告書別表一の「差引所得に対する法人税額」欄（平成31年4月1日前終了事業年度においては、別表一（一）若しくは別表一（三）の「差引所得に対する法人税額」欄又は別表一（二）の「差引この申告により納付すべき法人税額」欄）の金額を記載しますが、その事業年度について更正が行われている場合には、更正決定通知書の「差引所得に対する法人税額」欄に記載された更正後の法人税額を記載してください。
　ロ　「仮装経理に基づく過大申告の更正に伴う控除法人税額(7)」欄には、還付所得事業年度において法人税額から控除した仮装経理に基づく過大申告の更正に伴う控除法人税額があった場合に、その金額を記載してください。
　ハ　「控除税額(8)」欄には、還付所得事業年度において法人税額から控除した所得税額、昭和42年5月31日までに解散し又は合併した内国法人から受けるみなし配当の25%相当額及び外国税額の合計額を記載してください。
　　なお、還付所得事業年度において法人税額から控除できないため還付を請求した所得税額等については、これに含まれないことになりますからご注意ください。
　ニ　「使途秘匿金額に対する税額(9)」欄には、租税特別措置法第62条第1項（使途秘匿金の支出がある場合の課税の特例）の規定により加算された税額がある場合に、その金額を記載してください。
　ホ　「課税土地譲渡利益金額に対する税額(10)」欄には、租税特別措置法第3章第5節の2（土地の譲渡等がある場合の特別税率）の規定により加算された税額がある場合に、その金額を記載してください。
　ヘ　「リース特別控除取戻税額(11)」欄には、還付所得事業年度における「連結納税の承認を取り消された場合等における既に控除された法人税額の特別控除額の加算額」欄（平成31年4月1日前終了事業年度においては、別表一（一）の「連結納税の承認を取り消された場合等における既に控除された法人税額の特別控除額の加算額」欄又は別表一（二）若しくは別表一（三）の「リース特別控除取戻税額」欄）の金額を記載してください。
　ト　「既に欠損金の繰戻しにより還付を受けた法人税額(13)」欄には、還付所得事業年度について既に欠損金又は災害損失の繰戻しにより、その一部の法人税額の還付を受けている場合に、その還付を受けた法人税額（還付加算金は含みません。）を記載してください。
(5)　「還付金額(15)」欄には、$\left[(14) \times \dfrac{(2)}{(5)}\right]$　の算式によって計算した金額（1円未満の端数が生じた場合は切り捨てます。）を記載してください。
(6)　「還付を受けようとする金融機関等」欄には、還付金の支払を受ける場合に、取引銀行等の預金口座への振込みを希望するときは、その取引銀行等の名称等（該当の文字を〇で囲んでください。）、預金の種類及びびその口座番号を記載してください。ゆうちょ銀行の貯金口座への振込みを希望されるときは、その貯金口座の記号番号を記載してください。また、ゆうちょ銀行又は郵便局窓口での受取りを希望される場合には、支払を受けるのに便利な郵便局名等を記載してください。
(7)　「税理士署名押印」欄は、この請求書を税理士又は税理士法人が作成した場合に、その税理士等が署名押印してください。
5　留意事項
(1)　法人課税信託の名称の併記
　　法第2条第29号の2に規定する法人課税信託の受託者がその法人課税信託について、国税に関する法律に基づき税務署長等に申請書等を提出する場合には、申請書等の「法人名等」の欄には、受託者の法人名又は氏名のほか、その法人課税信託の名称を併せて記載してください。なお、受託者が個人である場合には、「代表者氏名」及び「代表者住所」をそれぞれ「氏名」及び「住所」と読み替えて記載してください。
(2)　地方法人税の額の還付
　　地方法人税については、税務署長が法人税を還付する場合に、地方法人税の額でその還付の時において確定しているものがあるときは、還付金額に100分の4.4（令和元年10月1日以後に開始する還付所得事業年度については100分の10.3）を乗じて計算した金額に相当する金額を併せて還付することとされていますので、特段の手続は不要です（地方法人税法第23条第1項）。

第5節　仮装経理による過大申告の更正の請求と還付

1　過大申告があった場合の更正

　法人税の課税標準及び税額は、確定した決算に基づく各事業年度の所得の金額により計算し、申告することとされている（法人74①）。

　ただし、その申告に係る課税標準等が国税に関する法律の規定に従っていなかった場合には、納税者において修正申告又は更正の請求を行うことができる（通則19、23）。また、その修正申告等がないときは、税務署長による更正により、適正な課税標準等に是正することとされている（同法24）。

　この場合の更正は、過少申告に限らず、過大申告があったときも同様であり、納税者からの更正の請求がない場合には、税務署長は、いわゆる減額更正を行うこととされている。

　税務署長による更正については、期間制限として除斥期間が定められており、法人税についてまとめると下記の表のとおりである（同法70①〜③）。

　「純損失等の金額」とは、法人税法上の欠損金額をいい（同法２六ハ(2)）、通常の更正（増額更正）及び減額更正の除斥期間は、法定申告期限から５年間であるのに対し、欠損金額の更正期間は７年間になる。

区　　　　　分			除　斥　期　間
更正	期限内申告後の更正		5年
	期限後申告後の更正	法定申告期限から３年経過前の期限後申告に係る更正	3年と提出日から5年とのいずれか遅い日
		法定申告期限から３年経過後の申告に係る更正	5年
	決定後の更正		5年
減額更正			5年
純損失等の金額に係る更正			7年
決定			5年

2　仮装経理の場合の更正の特例

　いわゆる過大申告があった場合には、税務署長が減額更正を行うことが原則であるが、法人の申告した所得金額が事実を仮装して経理したものに基づくときは、税務署長は、その事実を修正した経理をし、かつ、その修正経理をした事業年度の確定申告書を提出するまでは、更正をしないことができることとされている（法人129①）。

　これは、粉飾経理を防止するとともに、粉飾決算をした法人については、自らが仮装経理状態を是正するまでは減額更正を留保する趣旨である。

　仮装経理に基づいて法人税の過大納付があった場合には、税務署長による更正が行われたとしても、直ちに過大納付分の還付はなく、更正の日の属する事業年度前1年間の事業年度に係る法人税相当額だけを還付し、残額については、その更正を行った事業年度開始の日以後5年以内に開始する事業年度の法人税額から順次控除することとされている（同法70、135①、②）。

　なお、解散事業年度後は、各事業年度の所得に対する法人税は生じないことから、仮装経理に基づく過大申告の場合の更正に伴う法人税額の控除（同法70）の規定を適用することはできないので、減額更正により減少する法人税で仮装経理に係るものであっても遅滞なく還付される（同法134の2①）。

◇　更正の請求及び税額控除の実際の手続

①　仮装経理をした年度の正しい決算書を仮に作成し、それに基づいて正しい申告書を仮に作成する。

②　当初申告の申告書を前提として、課税所得が①の正しい申告書の金額になるように別表四・五㈠に仮装経理分の減算（留保）を記入し、別表一を作成する。

③　更正の請求の用紙に記入し、理由等には仮装経理とし、粉飾の具体的な処理を記入する。

④　仮装経理分を前期損益修正損等で修正した年度の申告書では、別表四で前期損益修正損を加算（留保）で記入する。

⑤　更正の請求の期限が経過している場合には、更正の請求書には代表者の印は押捺せず、別途、税務調査を行って更正をして頂きたい旨の嘆願書等を作成し、更正の請求書と①、②で作成した書類等を当該嘆願書に添付して提出する。なお、平成23年度の税制改正で5年間の更正の請求書を提出できることとなった。

⑥　更正が行われた事業年度の確定申告書別表一㈠11「仮装経理に基づく過大申告の更正に伴う控除法人税額」の欄に、更正に伴い減少した税額を記入する。

⑦　「仮装経理に基づく過大申告の更正に伴う法人税額の還付請求書」をその記載要領に従って記載し提出する。

仮装経理に基づく過大申告の場合の更正に 伴う	法 人 税 額 地方法人税額	の還付請求書	※整理番号	
			※連結グループ整理番号	

税務署受付印

提出法人			納　税　地	〒 電話（　　　）　　－
単 体	□ 連 結	□		
令和　　年　　月　　日	法 人 親 法 人	（フリガナ） 法 人 名 等		
		法 人 番 号		
		（フリガナ） 代 表 者 氏 名		㊞
税務署長殿		代 表 者 住 所	〒	

連 結 子 法 人	（フリガナ） 法 人 名 等		※ 税 務 署 処 理 欄	整理番号	
（届出の対象が連結子法人である場合に限り記載）	本店又は主たる 事務所の所在地	〒 （　　　局　　　署） 電話（　　　）　　－		部　　門	
				決算期	
	（フリガナ） 代 表 者 氏 名			業種番号	
		〒		整理簿	
	代 表 者 住 所			回付先	□ 親署 ⇒ 子署 □ 子署 ⇒ 調査課

法人税法第135条第4項 　の規定に基づき、下記のとおり　仮装経理法人税額 　の還付を請求します。
地方法人税法第29条第4項 仮装経理地方法人税額

記

仮装経理法人税額					仮装経理地方法人税額				
仮装経理に基づく過大申告の 更正の対象（連結）事業年度		自 平成・令和　年　月　日 至 平成・令和　年　月　日			仮装経理に基づく過大申告の 更正の対象課税事業年度		自 平成・令和　年　月　日 至 平成・令和　年　月　日		
仮装経理に基づく過大申告の 更正に伴う法人税の減少額					仮装経理に基づく過大申告の 更正に伴う地方法人税の減少額				
還付を受けようとする税額の計算	区　　分		請求金額	※金　額	還付を受けようとする税額の計算	区　　分		請求金額	※金　額
	仮装経理に基づく 過大申告の更正に伴う 法人税の減少額	1				仮装経理に基づく 過大申告の更正に伴う 地方法人税の減少額	5		
	還付法人税額	2				還付地方法人税額	6		
	繰越控除された 法 人 税 額	3				繰越控除された 地方法人税額	7		
	仮装経理法人税額 （1－2－3）	4				仮装経理地方法人税額 （5－6－7）	8		
法人税法第135条第4項に規定 する事実の生じた日		平成・令和　年　月　日			地方法人税法第29条第4項に 規定する事実の生じた日		平成・令和　年　月　日		

（生じた事実の詳細）

（その他参考となるべき事項）

還付を受け うとする金融 機 関 等	1　銀行等の預金口座に振込みを希望する場合 　　　　　　銀行　　　　　　　　本店・支店 　　　　金庫・組合　　　　　　　出 張 所 　　　　漁協・農協　　　　　　　本所・支所 　　　　預金　口座番号	2　ゆうちょ銀行の貯金口座に振込みを希望する場合 　　　貯金口座の記号番号　　　　－ 3　郵便局等の窓口での受取を希望する場合 　　　郵便局名等

税 理 士 署 名 押 印		㊞

（規格Ａ４）

※税務署 処理欄	部 門	決算 期	業種 番号	番 号	整理 簿	備 考	通信 日付印	年 月 日	確認 印

01.06改正

仮装経理に基づく過大申告の場合の更正に伴う 法　人　税　額 地方法人税額 の還付請求書の 記載要領等

1　この請求書は、平成21年4月1日以後に次に掲げる事実が生じた場合において、法人税法（以下「法」といいます。）第135条第4項又は地方法人税法第29条第4項の規定によって仮装経理法人税額又は仮装経理地方法人税額の還付を請求する場合に使用してください。
　(1)　更生手続開始の決定があったこと。
　(2)　再生手続開始の決定があったこと。
　(3)　特別清算開始の決定があったこと。
　(4)　法人税法施行令第24条の2第1項《再生計画認可の決定に準ずる事実等》に規定する事実
　(5)　法令の規定による整理手続によらない負債の整理に関する計画の決定又は契約の締結で、第三者が関与する協議によるものとして法人税法施行規則第60条の2第1項又は地方法人税法施行規則第8条第1項で定めるものがあったこと（(4)に掲げるものを除きます。）。

2　この請求書は、法第135条第4項又は地方法人税法第29条第4項に規定する事実が生じた日以後1年以内に、納税地の所轄税務署長に1通（調査課所管法人の場合は2通）提出してください。この場合、仮装経理に基づく過大申告の場合の更正の対象事業年度が2以上ある場合には別葉に作成して提出してください。

3　この請求書の各欄は、次により記載します。
　(1)　「提出法人」欄には、該当する□にレ印を付すとともに、当該提出法人の「納税地」、「法人名等」、「法人番号」、「代表者氏名」及び「代表者住所」を記載してください。
　(2)　「連結子法人」欄には、この届出の対象が連結子法人である場合における当該連結子法人の「法人名等」、「本店又は主たる事務所の所在地」、「代表者氏名」及び「代表者住所」を記載してください。
　(3)　「仮装経理に基づく過大申告の更正に伴う法人税の減少額」欄には、法人税額等の更正通知書及び加算税の賦課決定通知書の「差引納付すべき又は減少（－印）する法人税額20」欄の「差引減少（－印）する法人税額」を－（マイナス）印を付さずに記載します。
　(4)　「還付を受けようとする税額の計算（仮装経理法人税額）」の各欄
　　イ　「仮装経理に基づく過大申告の更正に伴う法人税の減少額1」欄には、(3)の金額を記載します。
　　ロ　「還付法人税額2」欄には、法第135条第2項、第3項又は第7項の規定により還付されるべきこととなった金額を記載します。
　　ハ　「繰越控除された法人税額3」欄には、法第70条又は第81条の16の規定により控除された金額を記載します。
　(5)　「仮装経理に基づく過大申告の更正に伴う地方法人税の減少額」欄には、地方法人税額等の更正通知書及び加算税の賦課決定通知書の「差引納付すべき又は減少（－印）する地方法人税額14」欄の「差引減少（－印）する地方法人税額」を－（マイナス）印を付さずに記載します。
　(6)　「還付を受けようとする税額の計算（仮装経理地方法人税額）」の各欄
　　イ　「仮装経理に基づく過大申告の更正に伴う地方法人税の減少額5」欄には、(5)の金額を記載します。
　　ロ　「還付地方法人税額6」欄には、地方法人税法第29条第2項、第3項又は第7項の規定により還付されることとなった金額を記載します。
　　ハ　「繰越控除された地方法人税額7」欄には、地方法人税法第13条の規定により控除された金額を記載します。
　(7)　「還付を受けようとする金融機関等」欄には、還付金の支払を受ける場合に、取引銀行等の預金口座への振込みを希望されるときは、その取引銀行等の名称等（該当の文字は○で囲んでください。）、預金の種類及びその口座番号を記載してください。ゆうちょ銀行の貯金口座への振込みを希望されるときは、その貯金口座の記号番号を記載してください。また、ゆうちょ銀行又は郵便局窓口での受取を希望される場合には、支払を受けるのに便利な郵便局名等を記載してください。
　(8)　「税理士署名押印」欄は、この請求書を税理士及び税理士法人が作成した場合に、その税理士等が署名押印してください。
　(9)　「※」欄は、記載しないでください。

4　留意事項
　○　法人課税信託の名称の併記
　　　法第2条第29号の2に規定する法人課税信託の受託者がその法人課税信託について、国税に関する法律に基づき税務署長等に申請書等を提出する場合には、申請書等の「法人名等」の欄には、受託者の法人名又は氏名のほか、その法人課税信託の名称を併せて記載してください。

3　実在性のない資産の取扱い

　国税庁の質疑応答事例では、解散した法人の各清算事業年度末の実態貸借対照表により債務超過の状態にある場合には、「残余財産がないと見込まれる」こととなるが、架空の売掛金など粉飾経理に基づく実在性のない資産は、実態貸借対照表上ないものとし、その結果、債務超過の状態にあれば、「残余財産がないと見込まれる」こととして期限切れ欠損金額の損金算入が可能である旨示されている。

⑴　過去の帳簿書類等を調査した結果、実在性のない資産の計上根拠（発生原因）等が明らかである場合

　実在性のない資産の発生原因が更正期限内の事業年度中に生じたものである場合には、法人税法第129条第 1 項の規定により、法人において当該原因に応じた修正の経理を行い、かつ、その修正の経理を行った事業年度の確定申告書を提出した後、税務当局による更正手続を経て、当該発生原因の生じた事業年度の欠損金額（その事業年度が青色申告の場合は青色欠損金額、青色申告でない場合には期限切れ欠損金額）とする。

　実在性のない資産の発生原因が更正期限を過ぎた事業年度中に生じたものである場合には、税務当局による更正手続はないものの、実在性のない資産は当該発生原因の生じた事業年度に計上したものであることから、法人において当該原因に応じた修正の経理を行い、その修正の経理を行った事業年度の確定申告書上で、仮に更正期限内であればその修正の経理により当該発生原因の生じた事業年度の損失が増加したであろう金額をその事業年度から繰り越された欠損金額として処理する（期首利益積立金額から減算する。）ことにより、当該発生原因の生じた事業年度の欠損金額（その事業年度が青色申告であるかどうかにかかわらず期限切れ欠損金額）とする。

⑵　過去の帳簿書類等を調査した結果、実在性のない資産の計上根拠（発生原因）等が不明である場合

　裁判所が関与する破産等の法的整理手続、又は、公的機関が関与若しくは一

定の準則に基づき独立した第三者が関与する私的整理手続を経て、資産につき実在性のないことが確認された場合には、実在性のないことの客観性が担保されていると考えられる。このように、客観性が担保されている場合に限っては、その実在性のない資産がいつの事業年度でどのような原因により発生したものか特定できないとしても、その帳簿価額に相当する金額分だけ過大となっている利益積立金額を適正な金額に修正することが適当と考えられる。したがって、このような場合にあっては、法人において修正の経理を行い、その修正の経理を行った事業年度の確定申告書上で、その実在性のない資産の帳簿価額に相当する金額を過去の事業年度から繰り越されたものとして処理する（期首利益積立金額から減算する。）ことにより、期限切れ欠損金額とする。

第 6 節　期限切れ欠損金の取扱い

1　会社更生等による債務免除等があった場合の欠損金の損金算入

⑴　制度の趣旨と概要

　再建型の整理手続において債権者からの債務免除益や関係者からの私財提供益があった場合に、多額の課税所得の発生により、再建計画が困難とならないために、その債務免除益等の金額の範囲内で、かつ、この欠損金を控除する前の所得金額の範囲内（会社更生の場合は、この欠損金を控除する前の所得金額＋評価損と相殺する前の評価益の金額の範囲内）で、税務上の欠損金（別表五（一）期首現在利益積立金額の合計額の欄のマイナスの金額）のうちの青色欠損金を超える金額、いわゆる「期限切れ欠損金」の損金算入が認められている（法人59①、②）。厳密には、青色欠損金と同様に10年間にわたって損金算入される災害損失金もあるので、以下、併せて青色欠損金等という。

　税務上の欠損金＝青色欠損金等＋期限切れ欠損金

という算式が成り立っており、そのうち青色欠損金等はもともと10年間にわたって損金算入が認められているから、この制度と合わせると税務上の欠損金全額が損金に算入可能となる。

　平成28年度の税制改正により、平成30年 4 月 1 日以後に開始する事業年度において生ずる欠損金額の繰越期間は10年とされている。

⑵　課税要件

　次の事実の発生が要件となる（法人59①、②）。

　ア　会社更生法の規定による更生手続開始の決定があったこと

　イ　民事再生法の規定による再生手続開始の決定があったこと

　ウ　会社法の規定による特別清算開始の命令があったこと

　エ　破産法の規定による破産手続開始の決定があったこと

　オ　アからエの事実に準ずる事実

24

オについては、例えば、他の法律に定める手続による資産の整理があったこと、主務官庁の指示に基づき再建のための一連の手続を織り込んだ一定の計画を作成し、これに従った資産整理があったこと、いわゆる私的整理で債務の免除等が多数の債権者によって協議の上決められる等、その決定に恣意性がなくその内容に合理性があると認められる資産の整理があったこととされている（法基通12－3－1(3)）。

(3) 債務免除等の内容

ア　会社の再建計画を立案するときには、債権の一部カットが債務免除となる。

イ　DESとは、会社に対する債権を会社の株式に換えるため、債権者が債権を出資の目的として現物出資をして会社から株式の発行を受け、結果として債権を株式に交換することによって債務会社の再生を支援する仕組みで、その割高分は、債務消滅益として債務者側が、認識することになる。

ウ　役員、株主等であったものからの金銭又はその他の資産の提供である。

エ　会社更生の場合には、計上した評価益から、民事再生、一定の私的整理の場合には財産評定を前提とする評価益から、それぞれ評価損を差し引いた額となる。ただし、会社更生では差し引き後は0円までだが、民事再生・一定の私的整理ではマイナスもあり得る。この評価益は認可決定等のあった年度に申告された評価益に限られる。

(4) 期限切れ欠損金の優先的損金算入

期限切れ欠損金を損金算入できるとしても、先に青色欠損金等を損金算入し、そのあとで期限切れ欠損金を損金算入するのと、逆に期限切れ欠損金から損金算入して青色欠損金等を損金算入するのでは、大きな違いがある。

債務免除益等＜（青色欠損金等＋期限切れ欠損金）の場合は、先に青色欠損金を損金算入すると翌事業年度には青色欠損金等がなくなっているか僅少になっているため、課税所得が発生するのに対して、期限切れ欠損金から損金算入すると青色欠損金等は温存されるので翌事業年度からの課税所得の発生が回避されることになる。

　平成17年度の改正では、民事再生及び一定の私的整理の場合には、財産評定又は資産評定を前提とする資産の評価損益を計上するという条件付きではあるが、会社更生手続と同様に期限切れ欠損金部分を優先して控除するという内容に改正された（法人59②）。

　会社更生の場合は、債務免除額や私財提供益に加えて「評価益から評価損を控除した額」（同条①三）が期限切れ繰越欠損金の損金算入の対象となっているのに対して、民事再生及び一定の私的整理の場合には、債務免除益や私財提供益に加えて「評価益から評価損を減算した額」（同条②三）が期限切れ繰越欠損金の損金算入の対象となっており、評価損が多い場合には、債務免除益の減額要因となる。要するに、まず評価損を債務免除益等に充当し、評価損によって減少したあとの債務免除益が、期限切れ繰越欠損金の損金算入の対象額とするという趣旨である。

　実務的には、別表七㈡で会社更生の場合は、「更生欠損金の損金算入に関する明細」の6純評価益の欄で「マイナスの場合は0」と記載されているのに対し、民事再生の場合は同別表の「民事再生等・・損金算入に関する明細」、別表七㈢においては記載されていない。

2　解散した場合の欠損金の損金算入

▶法人税基本通達

12-3-7　法第59条第3項《解散した場合の期限切れ欠損金額の損金算入》に規定する「残余財産がないと見込まれる」かどうかの判定は、法人の清算中に終了する各事業年度終了の時の現況による。

12-3-8　解散した法人が当該事業年度終了の時において債務超過の状態にあるときは、法第59条第3項《解散した場合の期限切れ欠損金額の損金算入》に規定する「残余財産がないと見込まれるとき」に該当するのであるから留意する。

12-3-9　規則第26条の6第3号《会社更生等により債務の免除を受けた

金額等の明細等に関する書類）に定める「残余財産がないと見込まれることを説明する書類」には、例えば、法人の清算中に終了する各事業年度終了の時の実態貸借対照表（当該法人の有する資産及び負債の価額により作成される貸借対照表をいう。以下12－3－9において同じ。）が該当する。

（注）　法人が実態貸借対照表を作成する場合における資産の価額は、当該事業年度終了の時における処分価格によるのであるが、当該法人の解散が事業譲渡等を前提としたもので当該法人の資産が継続して他の法人の事業の用に供される見込みであるときには、当該資産が使用収益されるものとして当該事業年度終了の時において譲渡される場合に通常付される価額による。

(1)　課税要件

　法人税法第59条第3項に、「内国法人が解散した場合において、残余財産がないと見込まれるときは、その清算中に終了する事業年度（適用年度）前の各事業年度において生じた欠損金額で政令で定めるものに相当する金額は、その適用年度の所得の金額の計算上、損金の額に算入する。」と規定している。

　したがって、期限切れ欠損金の利用は清算事業年度に限定され、解散事業年度での期限切れ欠損金の利用はできないことになっている。

　なお、清算事業年度を有しない解散である合併においては、被合併法人の最終事業年度の所得計算上、期限切れ欠損金の損金算入はできないことにも注意する必要がある。

　期限切れ欠損金額は、法人の清算中に終了する各事業年度の所得計算において損金算入することとなるため、期限切れ欠損金額を損金算入できるかどうかは、当該事業年度末において判定することとなる。そこで、「残余財産がないと見込まれる」かどうかの判定は、その法人の清算中に終了する各事業年度の終了の時の現況によることを明らかにしている（法基通12－3－7）。

　法人税基本通達は、解散した法人が当該事業年度終了の時において債務超過の状態にあるときは、「残余財産がないと見込まれる時」に該当し（同通達12－3－

8)、例えば、法人の清算中に終了する事業年度終了の時の実態貸借対照表によって、当該法人が債務超過の状態にあることが説明できると考えられるため、「残余財産がないと見込まれることを説明する書類」には、この実態貸借対照表などが該当することを明らかにしている（同通達12－3－9 ）。

⑵　期限切れ欠損金の金額

法人税法第59条第3項に規定する欠損金額は、「前事業年度以前から繰り越された欠損金（1号）－青色欠損金等（2号）＝期限切れ欠損金」ということになる。

「前事業年度以前から繰り越された欠損金」とは、決算書上の金額ではなく、税務上の金額、すなわち、「別表五（一）の期首利益積立金額の合計額のマイナス数値（の絶対値)」を「前事業年度以前から繰り越された欠損金」として用いることとしている（法基通12－3－2)。

⑶　他の欠損金との関係・適用順序

期限切れ欠損金の損金算入制度の創設を受けて、法人税法における欠損金の制度体系は下記のようになった。

期限切れ欠損金は、清算事業年度において生じた課税所得から青色欠損金の繰越分と災害損失金の繰越分を先に控除し、その残った部分に対する金額について損金算入できることとなっている。

種類	条文	課税要件
青色欠損金の繰越し	法人57	①　青色申告書を提出した事業年度で生じた税務上の欠損金 ②　当期首前10年以内に生じた欠損金
災害損失金の繰越し	法人58	①　一定の明細書を記載した確定申告書を提出した事業年度で生じた税務上の欠損金 ②　当期首前10年以内に生じた下記の欠損金のうちいずれか少ない金額 ・その事業年度の欠損金 ・災害損失金－保険金等の額

債務免除、私財提供等があった場合の欠損金の損金算入	法人59①、②	① 会社更生法の更生手続開始の決定など一定の事実の発生 ② 役員、株主等からの資産の贈与又は債権者からの債務免除 ③ 下記のいずれか少ない金額を損金算入 ・債務免除、私財提供等による利益の合計額 ・期限切れ欠損金を控除する前の所得金額（青色欠損金控除後） ・前事業年度以前から繰り越された欠損金－青色欠損金等
期限切れの欠損金の損金算入	法人59③	① 内国会社の解散 ② 残余財産がないことの見込み ③ 下記の金額を期限切れ欠損金控除前の所得金額を限度として損金算入 前事業年度以前から繰り越された欠損金－青色欠損金等

第3章　任意整理

第1節　任意整理手続

　任意整理とは、一般に、裁判所が直接関与する手続（破産・特別清算・民事再生・会社更生）以外の方法による再生処理手続で、債務者企業と債権者を中心とする利害関係者による協議で行われる整理手続をいう。

　法人の任意整理の方法として、法人を存続させるか、通常清算により法人を消滅させるかによって、①法人を通常清算し、当該法人が営んでいた事業も完全に停止する方法、②法人は通常清算するが、事業譲渡、会社分割等の方法により当該法人が営んでいた事業を別法人に移転して継続させる方法、③法人を存続し、当該法人が営んでいる事業も当該法人自身が継続する方法に大きく分けることができるが、ここでは、法人を存続し、当該法人が営んでいる事業も当該法人自身が継続する場合の税務上の問題点について取り上げる。

　法的整理に比べ任意整理は債務処理に関する透明性と公平性に疑義が生じる場合が多いというデメリットがある反面、会社更生や民事再生の法的申立てにより、会社の信用が悪化するという事業毀損がかなりの程度防げるというメリットがある。

　法人税法は、会社更生、民事再生、多数債権者の協議等による私的整理手続に加えて、「一定の私的整理手続」という概念を確立し、一定の私的整理手続の場合には、債務免除益等について期限切れ欠損金の優先的損金算入が可能である。

▶任意整理の流れ

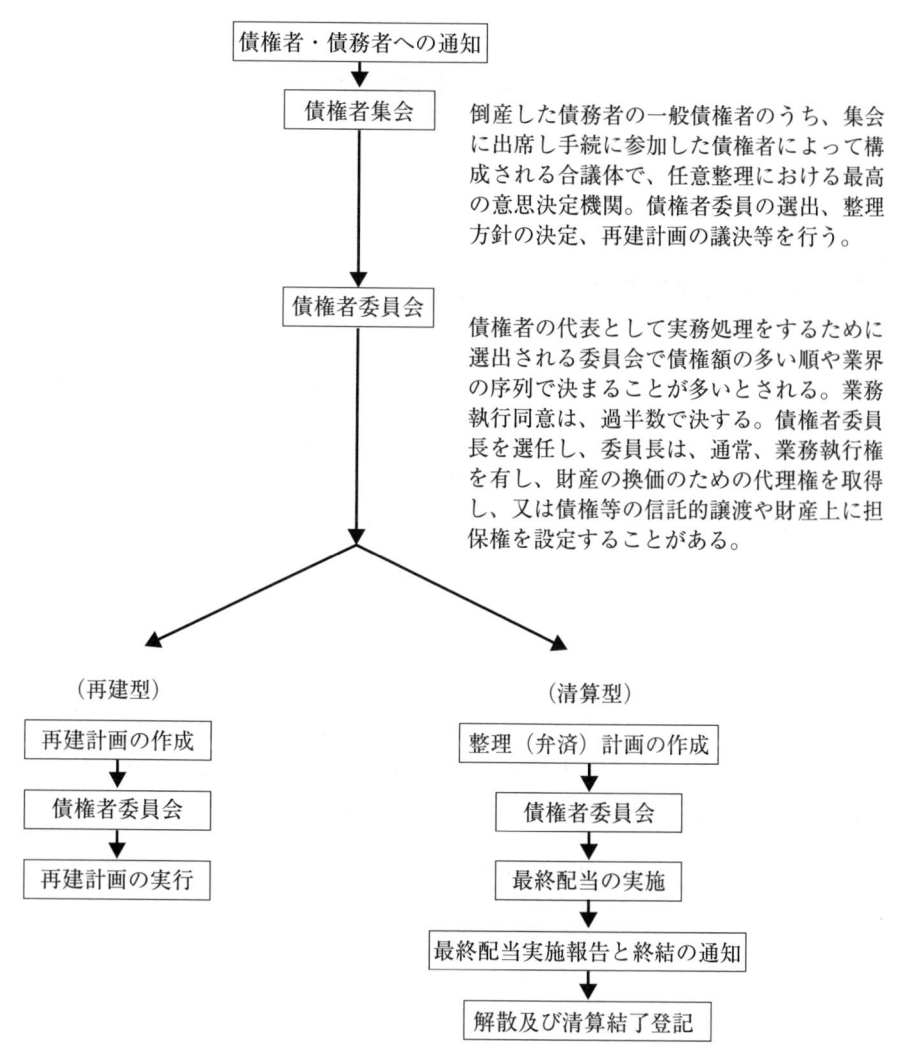

| 債権者・債務者への通知 |
| 債権者集会 | 倒産した債務者の一般債権者のうち、集会に出席し手続に参加した債権者によって構成される合議体で、任意整理における最高の意思決定機関。債権者委員の選出、整理方針の決定、再建計画の議決等を行う。 |
| 債権者委員会 | 債権者の代表として実務処理をするために選出される委員会で債権額の多い順や業界の序列で決まることが多いとされる。業務執行同意は、過半数で決する。債権者委員長を選任し、委員長は、通常、業務執行権を有し、財産の換価のための代理権を取得し、又は債権等の信託的譲渡や財産上に担保権を設定することがある。 |

（再建型）

再建計画の作成 → 債権者委員会 → 再建計画の実行

（清算型）

整理（弁済）計画の作成 → 債権者委員会 → 最終配当の実施 → 最終配当実施報告と終結の通知 → 解散及び清算結了登記

1　税務上の問題点

　法人を存続し、当該法人が営んでいる事業も当該法人自身が継続する場合、債権者から債務免除を受けたり第三者から資産の譲渡を受ける等の支援を受けたり、

経営合理化のために資産を譲渡したりして債務の負担を軽くするのが一般的である。そこで、含み益のある資産の譲渡益課税、債権放棄を受けた場合の債務免除益で援助を受けた場合の受贈益課税に対する対策が必要となる。

この場合、資産評価損益を活用する方法、期限切れ欠損金を活用する方法が考えられる。平成17年度の税制改正では、「一定の私的整理」については、民事再生と同様に資産評価を前提とする評価損、評価益を認め、評価益については民事再生と同様に、期限切れ繰越欠損金の優先的損金算入の対象とされるようになった。手続的には、民事再生と同様に別表十四（一）「民事再生等評価換えによる資産の評価損益に関する明細書」を記載し「評価損益関係書類」を添付することが必要である。また、これによって期限切れ欠損金の優先的損金算入制度の適用を受けることが可能となる。

この企業再生税制の適用対象となる「一定の私的整理」とは、次の要件を満たすものとされている（法人令24の2①、68の2①）。

　ア　一般に公表された債務処理を行うための手続についての準則（公正かつ適正なもので、特定の者が専ら利用するためのものでないもの）に従って再生計画が策定されていること

　イ　公正な価額による資産評定が行われ、その資産評定に基づく実態貸借対照表が作成されていること

　ウ　上記イの実態貸借対照表に基づく債務超過の状況等により債務免除等をする金額が定められていること

　エ　上記イの「資産評定ベースの貸借対照表作成」及びウの「資産評定及び債務処理計画における損益見込み等に基づく債務免除金額の制定」に掲げる要件に該当するにつき、利害関係のない3人以上（有利子負債が10億円未満の場合は2人）の債務処理の専門家（法人規8の6①）の確認を受けることが定められていること（政府関係金融機関、株式会社地域経済活性化支援機構又は株式会社整理回収機構は単独放棄でも可）。

2 資産の評価損益の計上

(1) 評価損益の計上が認められる任意整理

　企業会計では、企業利益は、例外的な取引により生じた損益をもって計算すべきであり、所有資産の評価換えによる評価損益は原則として計上されないとされている（企業会計原則第二損益計算書原則１Ａ、会社計算規則５）。そのため、法人税法は、資産の評価換えによる評価損益の計上を原則として認めていない（法人25①、33①）。

　しかし、例外的に、迅速な企業再生を支援する観点から、民事再生法の法的整理に加え、これに準ずる一定の要件を満たす任意整理において、資産の評価換えを行い、帳簿価額の増額、減額をしたときはその評価損益について、評価替えをした日の属する事業年度の益金・損金に算入することが認められる（同法25③、33④、法人令24の２、68の２）。この企業再生税制の適用対象となる「一定の私的整理」については、前記１参照。

(2) 評価損益の計上方法

　再生計画が策定された日の属する事業年度の確定申告書に評価損明細又は評価益明細の記載があり、かつ、評価損関係書類又は評価益関係書類の添付があることが適用要件とされる（法人25⑤、33④、法人規８の６、22の２）。つまり、申告調整の方法により評価損益の算入を行うことになる。

(3) 評価方法

　法人税法施行令第24条の２第１項で資産評定に基づく貸借対照表の作成が要求されているが、ここに記載された時価と帳簿価格を比較することによる評価損益を算定することにより評価損益を算定する（法人令24の２⑤二、68の２④二）。

(4) 評価減の対象とならない資産

　貸付金、売掛金その他の債権の評価損は対象とならない（法人33①）。

　また、評価損益に共通して対象とならない資産として以下のものがある（同法25③、法人令24の２④）。

　ア　過去５年以内に圧縮記帳の適用を受けた減価償却資産

ロ　イ　売買目的有価証券

ウ　償還有価証券

エ　評価差額が資本等の2分の1相当額又は1,000万円のいずれか少ない金額に満たない資産

3　期限切れ欠損金の損金算入

確定申告書に評価損明細又は評価益明細の記載があり、かつ、評価損関係書類又は評価益関係書類を添付することを要件として、期限切れ欠損金を青色欠損金に優先して損金算入できる（法人59②、③、法人令118）。

これにより、債務免除後も青色繰越欠損金、白色災害欠損金を残せる可能性が高くなり、再生計画認可決定後の事業年度の法人税課税の回避が容易になり、再生計画が立てやすくなり再建も容易になる。

法人税基本通達12-3-1(3)によれば、債務者である企業が一般に公表された債務処理を行うための手続についての準則に従って再生計画が策定されている等に伴い債務免除を受けた場合において「債務の免除等が多数の債権者によって協議の上決められる等その決定について恣意性がなく、かつ、その内容に合理性があると認められる資産の整理があったこと」の事実が認められる場合には、法人税法施行令第117条第4号の整理開始の命令に準ずる事実等に該当するとされることから、法人税法第59条に定める資産整理に伴う私財提供等があった場合の欠損金の損金算入の適用があることになる。

私的整理ガイドラインに定める手続に基づく再建計画により債務免除を受けた場合には、法人税基本通達12-3-1(3)に該当すると考えられ、このことを前提とすれば、当該ガイドラインに基づき策定された再建計画により債務免除を受けた場合には、原則として、法人税法第59条の適用がある。

なお、条文上は資産の評価損を計上するだけでなく、評価益を併せて計上することが必要となる。しかし、結果として資産につき評価益を計上すべきものがないことから評価損のみが計上される場合においても期限切れ欠損金の優先適用は

可能と考えられている。ただし、評価益も評価損もない場合は、期限切れ欠損金の優先適用はできない。

　債務免除益、私財提供益に対する損金算入の順番をまとめると次のようになる。

　ア　評価損益を計上した場合

　　①　資産の評価損益の計上

　　②　期限切れ欠損金

　　③　青色欠損金・白色災害欠損金

　イ　評価損益の計上を行わなかった場合

　　①　青色欠損金・白色災害欠損金

　　②　期限切れ欠損金

▶期限切れ欠損金の損金算入／一定の私的整理の場合

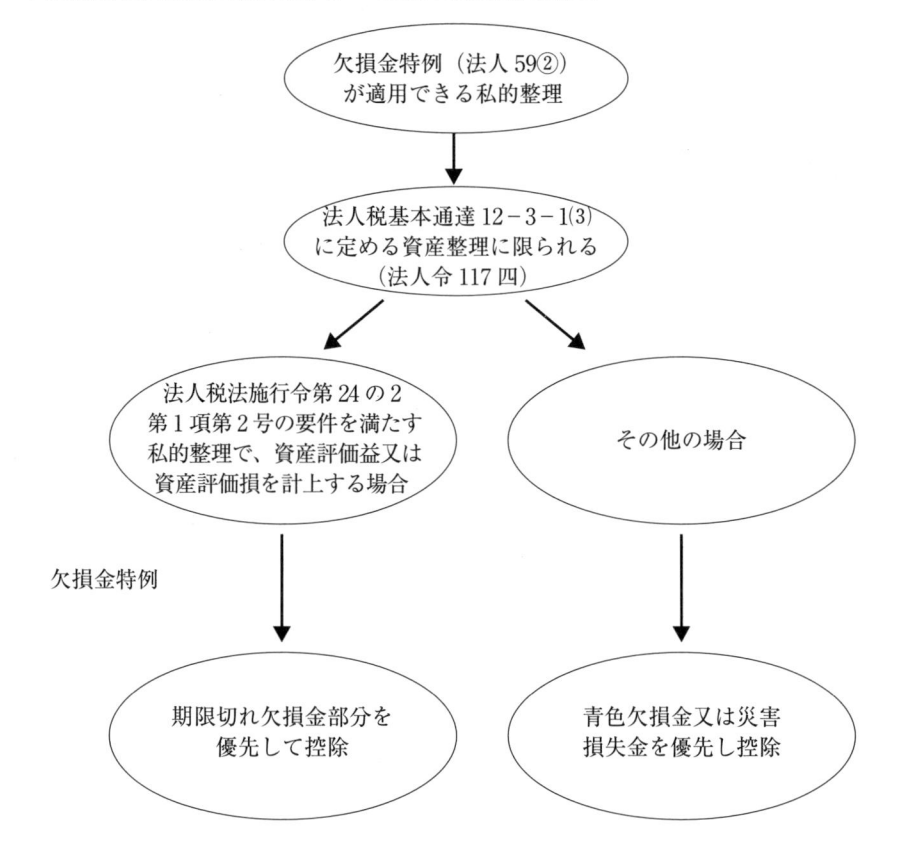

（注）　一定の要件を満たす私的整理

　　　法人税法第59条第2項は、会社更生等による債務免除等があった場合の欠損金の損金算入ができる「その他法令で定める事実」は法人税法施行令第117条第1号から第4号に規定されている。私的整理は法人税法施行令第117条第4号「前3号に準ずる事実」を受ける法人税基本通達12－3－1－(3)「債務の免除等が多数の債権者協議によって決められる資産整理等」となる。

　　　一方、資産評価損益の計上が法人税法上認められるのは、法人税法施行令第24の2第1項第2号に定める一定の私的整理に限られるため（法人25③、33③、法人令24の2①二、68の2①）、期限切れ欠損金を優先控除できるのは、法人税基本通達12－3－1－(3)で定める私的整理のうち、法人税法施行令第24の2第1項第2号をみたす私的整理ということになる。

▶任意整理への特例等の適用

特例規定等の内容	関係法令	一定の私的整理	その他の私的整理
欠損金の繰戻し還付特例	法人80④、法人令154の3	適用なし	適用なし
資産評価益の益金算入	法人25③、法人令24の2①二	適用	適用なし
資産評価損の損金算入	法人33③、法人令68の2①	適用	適用なし
期限切れ欠損金の損金算入	法人59②	適用 資産評価損益が計上される場合は、債務免除益等から期限切れ部分を青色欠損金に先立ち優先控除。 資産評価損益が計上されない場合は、青色欠損金を優先控除。	合理性のある資産整理であれば適用（法基通12−3−1）。 資産評価損益が計上できないので、青色欠損金を優先控除。
仮装経理に基づく過大申告の更正、還付等の特例	法人70①、134の2①、129②	適用	適用

4 欠損金の繰戻し還付

　任意整理の場合は、会社更生、民事再生の場合と異なり、繰越欠損金の繰戻し還付制度は凍結されたままであり、繰越欠損金の繰戻し還付の適用を受けることはできない。

　ただし、事業の全部の相当期間の休止又は重要部分の譲渡で、これらの事実が生じたことにより、青色申告書を提出した事業年度の欠損金の繰越規定（法人57①）の適用を受けることが困難となると認められるものについては適用を受けることができる（同法80④、法人令154の3）。

5　仮装経理による過大申告の更正の請求と還付

　解散事業年度以前の事業年度において仮装経理、いわゆる粉飾決算を行って過大申告をなし、法人税額が過大であった場合には、更正の請求をし、過払の税額の還付を受けることができる。しかし、一般の更正の請求とはやや異なり、税務署長の裁量で、会社がその粉飾を修正する処理を行いその処理に基づく確定申告書を提出するまで、更正するのを保留でき、さらに更正後、その法人税額を一括して還付するのではなく、更正の日に属する事業年度から5年にわたって、本来納付すべき法人税額から順次控除することになっている。そして、5年間の法人税額から控除しきれない額がある場合には、最終の控除を行った確定申告書の提出後に還付されることになる。

6　任意整理において私財提供した個人の税務

⑴　私財提供と課税問題

　債務者である法人が任意整理する場合、役員等の個人が私財を当該法人に対して譲渡する場合がある。

　所得税法上は、特に任意整理のための私財提供であるからといって譲渡所得課税を軽減するような措置は設けていない。したがって、譲渡益が出れば所得税の課税対象とされるのが原則である。

⑵　保証債務を履行するために行う資産の譲渡

　保証債務を履行するために行う資産の譲渡によって生ずる所得は、原則として、譲渡所得に当たるが、その履行に伴う求償権の全部又は一部を行使することができないときは、その行使することができない金額は、所得の金額の計算上、なかったものとみなされ、課税対象とならない（所得64②）。物上保証人等もこの適用がある（所基通64－4）。

　したがって、法人が融資を受けるに当たり、代表者等の個人が不動産を担保提供したが、後に法人が倒産して抵当権が実行された場合には、法人に求償不能な額については譲渡所得がなかったものとみなされる（所基通64－4⑸、所得64②）。

　再建型の任意整理の場合には、担保提供者である代表者等の求償権が将来的には実現される可能性もあるため、直ちには求償不能といえない面もある。しかし、代表者等であればその立場上、債権者との関係で求償権を放棄せざるを得ないのが通常である。そのため、下記のすべての状況に該当する場合には、その求償権は行使不能と判定されるとの取扱いがなされている。

　　ア　その代表者等の求償権は、代表者等と金融機関等他の債権者との関係からみて、他の債権者の有する債権と同列に扱うことが困難である等の事情により、放棄せざるを得ない状況にあったと認められること

　　イ　その法人は、求償権を放棄（債務免除）することによっても、なお債務超過の状況にあること

　また、求償権放棄の後になって法人が立ち直った場合であっても、当初の求償権行使不能の判定には影響がないものとされている。

(3)　未払配当金の場合

　未払配当金の場合は、上記(1)、(2)のような特例は設けられていないことに注意が必要である。

7　未払賞与の免除

(1)　法人の税務

　任意整理等がなされた場合、役員賞与支給の総会決議があっても、これを受領することは事実上困難になるが、未払役員賞与を支払わないことにすると原則として会社に債務免除益が生ずる。しかし、これでは再建に支障が出るので、未払賞与につき取締役会等の決議に基づきその全部又は大部分の金額を支払わないこととした場合において、これが会社の整理、事業の再建及び業況不振のためのものである、かつ、その支払われないこととなる金額がその支払を受ける金額に応じて計算されている等の一定の基準によって決定されたものであるときは、免除益は益金に算入しないことができる（法基通4－2－3）。役員賞与の免除が当該支払者の債務超過の状態が相当期間継続しその支払をすることができないと認め

られる場合に行われたものであるときは、源泉徴収も不要となる（所得181〜223）。

(2)　役員の税務

　役員が、当該法人が事業不振のため会社整理の状態に陥り、債権者集会等の協議決定により債務の切捨てを行ったこと等、一般債権者の損失を軽減するためその立場上やむなく自己が役員となっている法人から受けるべき役員賞与等の受領を辞退した場合には、当該辞退した金額は所得税の計算上なかったものとみなされる（所得64①、所基通64－2）。

▌第 2 節　個人の任意整理

　個人の任意整理に関して、税務上は、①債務免除を受けた場合、②債務整理のために資産譲渡を行った場合の課税関係が主に問題となる。

1　債務免除を受けた場合

(1)　債権者が法人の場合

　債務免除益、資産の贈与を受けた場合には、時価と譲渡価格の差額について、一時所得、事業所得又は雑所得として課税されることも考えられる。

　しかし、所得税法第44条の 2 第 1 項においては、「破産法第252条第 1 項に規定する免責許可の決定又は再生計画認可の決定があつた場合その他資力を喪失して債務を弁済することが著しく 困難である場合」に債務免除を受けたときの債務免除益について、総収入金額に算入しないこととされているところ、所得税基本通達44の 2 - 1 （「 資力を喪失して債務を弁済することが著しく困難」である場合の意義）は、同項に規定する「資力を喪失して債務を弁済することが著しく困難」である場合の意義について、破産法の破産手続開始の申立て又は民事再生法の再生手続開始の申立てをしたならば、破産法の免責許可の決定又は民事再生法の再生計画認可の決定がされると認められるような場合であることを明らかにしたもので、すなわち、既往の債務を弁済できなくなった個人の債務者であって法的整理の要件に該当することとなった債務者について、法的整理によらず、債権者と債務者の合意に基づき、債務の全部又は一部を免除される場合がこれに当たると解されている。任意整理を行った者は通常は資力喪失状態にあると考えられるので所得税は課されないと解される。

　なお、法人の債権者から債務免除を受けた場合、贈与税は課税されない。

(2)　債権者が個人の場合

　相続税法第 8 条ただし書は、「債務者が資力を喪失して債務を弁済することが

困難である場合」に債務免除を受けたときは、債務弁済困難部分の金額は贈与によって取得したとみなさないと定めている。任意整理を行った者は通常は資力喪失状態にあると考えられるので贈与税は課税されないと解される。

　所得税についても、個人の債権者から債務免除を受けた場合、贈与税と所得税の二重課税を避ける必要があるため、課税はされない（所得9①十六）。

2　任意整理の際の資産の譲渡

　債務整理のために、資産譲渡を行い、その譲渡代金をもって弁済に充てる場合がある。

⑴　資力を喪失した個人の譲渡所得の非課税措置

　資力を喪失した個人が、債務弁済が著しく困難な場合に、強制換価手続又はこれに類する事由により資産を譲渡した場合、その所得は非課税となる（所得9①十）。

⑵　保証債務を履行するために行う資産の譲渡

　保証債務を履行するために行う資産の譲渡によって生ずる所得は、原則として、譲渡所得に当たるが、その履行に伴う求償権の全部又は一部を行使することができないときは、その行使することができない金額は、所得の金額の計算上、なかったものとみなされ、課税対象とならない（所得64②）。

　物上保証人等もこの特例の適用がある（所基通64－4）。

3　過払金の課税関係

　個人の任意整理においては、貸金業者から、利息制限法の制限超過利息について過払金の返還を受けることがある。

　過払金の課税関係は、次のようになる。

⑴　制限超過利息が家事上の借入金に係る場合で必要経費に算入されていない場合

　過払分として返還された制限超過利息の元本部分は、利息として支払った金銭

のうち払い過ぎとなっている部分について返還を受けたものであり、所得が生じているものではないことから、原則として課税関係は生じない。

ただし、返還金に付された利息については、その支払を受けた日の属する年分の雑所得の金額の計算上総収入金額に算入する必要がある。

(2) 制限超過利息が事業所得等を生ずべき事業に係る借入れに基づくもので、事業に係る必要経費に算入されている場合

制限超過利息の支払額が各年分の各種所得の金額の計算上必要経費に算入されている場合にはこれを修正する必要がある。

そして、元本に充当された部分の金額及び返還を受けた部分の金額の合計額は過払金の支払を認める判決のあった日の属する年分のこれらの所得の総収入金額に算入する。また、返還金に付された利息の額はその支払を受けた日の属する年分の総収入金額に算入する。

(3) 制限超過利息の支払額が事業的規模に至らない事業所得等を生ずべき事業に係る借入れに基づくもので、必要経費に算入されている場合

その制限超過利息の支払額が必要経費に算入されないことになるので、必要経費に算入した各年分の所得税について遡及して修正し、返還金に付された利息の額を、その支払を受けた日の属する年分の総収入金額に算入する必要がある。

第3節　任意整理における債権者の税務

　債務者が任意整理を行った場合、債権者側の税務としては、当該債務者に対する債権につき、①回収不能額を貸倒損失として損金算入できるか、②任意整理の申出がなされた場合に貸倒引当金の繰入れが認められるか、③任意整理において策定された再建計画により債権放棄等を行った場合に損金算入することができるかが主に問題となる。

　会社更生手続、民事再生手続等の法的手続と異なり、任意整理は、透明性や公平性に疑義がある場合があるため、法的整理の場合には認められている税務処理につき、直ちには認められず、個別に判断することになるからである。

1　貸倒損失

(1)　民事再生、会社更生、特別清算のような法的手続によらない任意整理であっても、合理的な基準により債務者の負債整理を定めた債権者集会の協議、又はこれに準ずる内容を定めた行政機関又は金融機関その他の第三者のあっせんによる当事者間の協議により締結された契約による切捨額は貸倒損失とすることができる（所基通51−11(3)、法基通 9 − 6 − 1 (3)）。

　合理的な基準とは、すべての債権者についておおむね同一の条件で切り捨てられる金額が定められているような基準をいうのであるが、少額債権者には優先的に弁済し高額債権者がある程度不利益な条件を受け入れることは状況次第によっては認められる。

　一定の私的整理についても、国税庁の回答によって適用のあることが明らかにされている。

(2)　(1)に該当しない場合であっても、次のものは貸倒損失とすることができる。

　ア　債務者の債務超過の状態が相当期間継続し、その金銭債権の弁済を受けることができないと認められる場合の債務者に対し書面で通知した債務免除額

（所基通51－11(4)、法基通 9 － 6 － 1 (4)）

イ　金銭債権につき、その全額が回収できないことが明らかになった場合の金
銭債権全額（所基通51－12、法基通 9 － 6 － 2 ）

全額が回収不能であるかについては、債務者の資産状況、支払能力等の債
務者側の事情だけでなく、債権回収に必要な労力、債権額と取立費用との比
較考量、債権回収を強行することによって生ずるほかの債権者とのあつれき
などによる経営損失等といった債権者側の事情、経済的環境等も踏まえ、社
会通念に従って総合的に判断される（最高裁平成16.12.24判決、判時1883号31
頁）。

ウ　売掛債権について、次のような事実がある場合には備忘価額（通常は残高
を 1 円とする。）を帳簿に記載して、これを差し引いた額（所基通51－13、法
基通 9 － 6 － 3 ）

①　債務者との取引を停止した時以後 1 年以上経過した場合（当該売掛債権
について担保物のある場合を除く。）

②　法人が同一地域の債務者について有する当該売掛債権の総額がその取立
てのために要する旅費その他の費用に満たない場合において、当該債務者
に対し支払を督促したにもかかわらず弁済がないとき

2　貸倒引当金

(1)　任意整理の申し出段階での取扱い

会社更生手続、民事再生手続、破産手続、特別清算手続等の法的整理について
は、各手続開始の申立てがあった場合、その債務者に対する個別評価金銭債権の
50％に相当する金額を、貸倒引当金として繰り入れることが認められる（法人52
①、法人令96①三）。

債務者が任意整理の申出を行った場合は、任意整理の申出だけの事由では、こ
の形式基準は満たさず、法人税法施行令第96条第 1 項第 3 号による50％相当額の
繰入れはできない。

　任意整理の場合には、「手形交換所において取引停止処分を受けたこと」の事実がない限り、形式基準による貸倒引当金勘定への繰入れは認められない。なお、第一回目の手形の不渡りが債権者の事業年度内であれば、第二回目の手形の不渡りによる取引停止処分は当該事業年度に係る確定申告書の提出期限内でも貸倒引当金勘定への繰入れは認められることとなっている（法基通11－2－11）。

(2) 債務超過状態の継続等による回収不能額の繰入れ

　法人税法施行令第96条第1項第2号は、「当該内国法人が当該事業年度終了の時において有する個別評価金銭債権に係る債務者につき、債務超過の状態が相当期間継続し、かつ、その営む事業に好転の見通しがないことにより、当該個別評価金銭債権の一部の金額についてその取立て等の、見込みがないと認められる場合」は、当該一部の金額に相当する金額について繰入れを認めている。

　そのため、債務者の債務超過の状態が相当期間（法基通11－2－6によればおおむね1年以上）継続している場合には、法人税法施行令第96条第1項第2号により、回収不能見込額の貸倒引当金の繰入れをすることができる。

(3) 5年超の長期弁済債権の貸倒引当金

　私的整理であっても、①債権者集会の協議決定で、合理的な基準により債務者の負債整理を定めているもの、又は、②行政機関、金融機関その他第三者のあっせんにより当事者間の協議により締結された契約でその内容が①に準ずるものであれば、当該事由が生じた日の属する事業年度終了の日の翌日から5年を経過する日までに弁済される以外の金額、つまり事業年度終了の日の翌日から5年経過日後に弁済が予定されている金額は、100%の貸倒引当金の繰入れができる。

(4) 合理的な再建計画に基づく債権放棄に係る貸倒損失

　債権者である企業が取引先等を整理若しくは再建するために債権放棄等をした場合の税務上の取扱いについては、法人税基本通達9－4－1及び9－4－2において既に明確化されているところであり、同通達9－4－2によれば、合理的な再建計画に基づく債権放棄等による損失であれば、税務上損金算入される旨定められている。

　法人税基本通達９－４－２が規定する再建計画の合理性の要件については、国税庁の質疑応答集にて一般に公開されている。そのポイントとは、過剰支援ではないか、また計画に一部債権者の利害が反映されていないかということである。

▶任意整理への特例等の適用

対象	特例規定等の内容	関係法令	一定の私的整理	その他の私的整理
法人債権者	貸倒引当金（法的整理申立て等段階で50％繰入れ）	法人52①、法人令96①三、法人規25の3	適用なし	適用なし
	切捨て債権に対する貸倒損失	法人22③、法基通9－6－1	適用	合理的な負債整理、行政機関又は金融機関等第三者のあっせんの協議による債権切捨てであれば適用
	5年超弁済債権に対する貸倒引当金	法人52①、法人令96①一、法人規25の2	適用	合理的な負債整理、行政機関又は金融機関等第三者のあっせんの協議による負債整理等であれば適用
	DESと債権譲渡損失	法基通2－3－14	適用	債務者の合理的な債権計画に基づくものであれば適用
	失権した債権の貸倒損失	法基通14－3－12	適用なし	適用なし
	合理的な再建計画に基づく債権放棄に係る貸倒損失	法基通9－4－2	適用	合理的な再建計画であれば適用
個人債権者	切捨て債権に対する貸倒損失	所得52②、所基通51－11	適用	合理的な負債整理、行政機関又は金融機関等第三者のあっせんの協議による債権切捨てであれば適用
	失権した債権の貸倒損失	所基通51－16	適用なし	適用なし
	貸倒引当金（法的整理申立て等段階で50％繰入れ）	所得52①、所得令144①三、所得規35の3	適用なし	適用なし
	5年超弁済債権に対する貸倒引当金	所得52①、所得令144①三、所得規35の2	適用	合理的な負債整理、行政機関又は金融機関等第三者のあっせんの協議による負債整理等であれば適用

第4節　任意整理における徴税上の論点

　弁護士から任意整理開始の通知等があった場合には、債権債務や財産の状況等を弁護士から聴取するとともに、滞納者の財産を差し押さえることになる。

　滞納者の財産が弁護士預り金口座に入金され、債権者に配当された場合には、その追及方法の検討をしなければならない。

　弁護士に委任する任意整理において、滞納租税の納付を考慮しない任意整理が開始されると、租税の徴収上、次のような問題が生ずる。

　倒産企業の資金が入金された弁護士預金口座について、それが倒産企業に帰属するのか、あるいは名義人である弁護士に帰属するのか。

　弁護士の預金口座に入金された倒産企業の資金はどのようにして追及するのか。

　任意整理の配当財源を確保するために弁護士に売掛金等が信託的に譲渡された場合、詐害行為として取消請求ができるか。

　本節では、上記の問題について取り上げていく。

1　任意整理における弁護士名義預金の帰属認定

⑴　弁護士名義預金の帰属認定の必要性

　会社や個人事業者が倒産して弁護士に任意整理を委任した場合に、弁護士は、任意整理の事務処理費用、債権者への弁済（配当）資金などの管理のために、受任弁護士名義の預金口座に倒産企業の資金、在庫品等の資産の売却代金、売掛金等の回収金を入金して管理する。

　任意整理における弁護士名義預金の形態としては、①倒産企業の資金等を原資として弁護士名義の預金口座が開設される場合、②①の預金に第三者の資金が入金される場合、③倒産企業の資金等が弁護士の預り金口座に入金される場合がある。

　預金の出捐者と預入行為者とが異なる場合の預金者の認定について、出捐者が

預金者であるとする客観説、預入行為者が預金者であるとする主観説、原則として客観説によるが、預入行為者が自己を預金者として表示したときは預入行為者が預金者であるとする折衷説の考え方がある。判例は、無記名預金、記名預金を問わず客観説を採用している（判例については後述）。

　徴収実務においても、客観説によって預金の帰属認定を行うこととしていたが、後述する最高裁平成15年 6 月12日第一小法廷判決を踏まえ、預金の差押えについては、預金の種類、預金原資の出捐者、預入行為者、出捐者の預入、行為者に対する委任内容、預金口座の名義、預金通帳及び届出印の保管状況等の諸要素を総合的に勘案し、誰が自己の預金とする意思を有していいたかという観点から、その帰属を判断することとされた（徴基通62−17(1)）。

　滞納処分を執行するに当たっては、上記の①、②及び③の形態の預金について、それが名義どおり弁護士に帰属するのか、それとも預金の原資の出捐者である滞納者に帰属するのかが問題となる。

　客観説は、預入行為者が金員を横領して自己の預金とする場合を除いて、自らの出捐により自己の預金とする意思をもって金融機関に対して本人自ら又は使者・代理人・機関を通じて預金契約をした出捐者が預金者であるとする。

　主観説は、預金債権は指名債権であるので、誰が預金者であるかは契約理論により決すべきであって、預入行為者が預入に際して他人が預金者であることを明示的に表示するような特別の事情がない限り、原則として預入行為者が預金者であるとする。

　折衷説は、原則として客観説により出捐者が預金者であるが、預入行為者が自己の預金であることを明示的又は黙示的に表示したときは預入行為者が預金者であるとする。

　判例は、無記名定期預金について客観説を採用し（最高裁昭和32.12.19判決、民集11巻13号2278頁）、その後、記名式定期預金についても、「預入行為者が右金銭を横領し自己の預金とする意思で無記名定期預金をしたなどの特段の事情の認められない限り、出捐者をもって無記名定期預金の預金者と解すべきである」こと

は、当裁判所の確定した判例（昭和32.12.19第一小法廷判決、民集11巻13号2278頁、昭和35. 3.8 第三小法廷判決、集民40号177頁、昭和48. 3.27第三小法廷判決、民集27巻 2 号376頁）であるところ、その理は、記名式定期預金においても異なるものではないとして客観説を採用し、客観説が判例として確定している（最高裁昭和53.5.1 第二小法廷判決、集民124号 1 頁参照）。

　預金が滞納者に帰属するのであれば、名義のいかんにかかわらず、滞納処分により差し押さえ、取り立てることになる。また、その預金が名義人である弁護士に帰属するものであれば、その預金に入金された滞納者の資金等について、どのように追及していくかを検討する必要がある。

⑵　滞納者の資金を原資として開設された弁護士名義預金の事例（最高裁平成15. 6.12第一小法廷判決、民集57巻 6 号563頁）

ア　事案の概要

　滞納者が弁護士Ⅹに任意整理を委任し、Ⅹは、その委任事務を遂行するために滞納会社から交付を受けた500万円を原資としてⅩ名義の普通預金口座を開設した。そして、この預金口座には、滞納会社の資産の売却代金、売掛金等の回収金が入金された。

　国が、滞納会社に対する滞納処分として、本件預金の払戻請求権を差し押さえた。これに対して、滞納会社と弁護士Ⅹが、本件預金の原資となった500万円は滞納会社の負債処理のための弁済資金として弁護士Ⅹに前払いされたものであるので、預金の帰属に関しての客観説に立ったとしても本件預金はⅩに帰属すると主張して、本件差押えの無効確認を求めて提訴した。

イ　判決要旨

　弁護士Ⅹは、滞納会社から、適法な弁護士業務の一環として債務整理事務の委任を受け、事務の遂行のために、その費用として500万円を受領し、弁護士Ⅹ名義の本件口座を開設してこれを入金し以後、本件差押えまで、本件口座の預金通帳及び届出印を管理して、預金の出し入れを行っていた。

　このように債務整理事務の委任を受けた弁護士が委任者から債務整理事務の

費用に充てるためにあらかじめ交付を受けた金銭は、民法上は同法649条の規定する前払費用に当たるものと解される。そして、前払費用は、交付の時に、委任者の支配を離れ、受任者がその責任と判断に基づいて支配管理し委任契約の趣旨に従って用いるものとして受任者に帰属するものとなると解すべきである。受任者は、これと同時に、委任者に対し、受領した前払費用と同額の金銭の返還義務を負うことになるが、その後、これを委任事務の処理の費用に充てることにより同義務を免れ、委任終了時に、精算した残金を委任者に返還すべき義務を負うことになるものである。

そうすると、本件においては、上記500万円は、弁護士Xが滞納会社から交付を受けた時点において、弁護士Xに帰属するものとなったのであり、本件口座は、Xが、このようにして取得した財産を委任の趣旨に従って自己の他の財産と区別して管理する方途として、開設したものというべきである。

これらによれば、本件口座は、弁護士Xが自己に帰属する財産をもって自己の名義で開設し、その後も自ら管理していたものであるから、銀行との間で本件口座に係る預金契約を締結したのは、弁護士Xであり、本件口座に係る預金債権は、その後に入金されたものを含めて、弁護士Xの銀行に対する債権であると認めるのが相当である。

したがって、滞納会社の滞納租税の徴収のためには、弁護士Xに対する債権を差し押さえることはできても、弁護士Xの銀行に対する本件預金債権を差し押さえることはできない。

(3) 預金の帰属認定の検討

ア　金銭の出捐者と預入行為者とが異なる場合に、そのいずれを預金者と認定するかの基準としては、客観説、主観説、折衷説に大別される。

本件判決の控訴審福岡高裁宮崎支部平成13年7月13日判決は、「客観説によれば、自らの出捐により、自己の預金とする意思で、自ら又は使者・代理人を通じて預金契約をした者を預金者であるとするものである。」として、預金の帰属は客観説に立って行うことをまず宣言して、任意整理の受任弁護士は滞納

会社から交付された資金を自己の財産とすることはできないから、本件預金の出捐者は滞納会社であり、滞納会社の預金とする意思で、受任弁護士を使者・代理人として預金契約をしたとしている。

イ　かねてから、普通預金債権の帰属を認定するに当たっては、ある特定の時点での普通預金口座残高についてその出捐者を確定することは困難な場合があり、客観説を適用することの違和感が指摘されていた。

そのようななか、上記最高裁平成15年6月12日判決が言い渡され、この判決内容を踏まえると、預金債権の帰属については、定期預金、普通預金を問わず、預金原資の出捐関係、預金開設者、出捐者の預金開設者に対する委任内容、預金口座名義、預金通帳及び届出印の保管状況等の諸要素を総合的に勘案したうえで、誰が自己の預金とする意思を有していたかという観点から統一的に認定判断するのが相当と考えられ、国税徴収法基本通達62条関係17(1)はこのような考え方に基づいて、預金の差押えについては、預金の種類、預金原資の出捐者、預入行為者、出捐者の預入、行為者に対する委任内容、預金口座の名義、預金通帳及び届出印の保険状況等の諸要素を総合的に勘案し、誰が自己の預金とする意思を有していいたかという観点から、その帰属を判断する旨定めている。

ウ　上記最高裁平成15年6月12日判決は、依頼者が弁護士に授受した金銭を民法第649条に定める委任事務処理のための前払費用であり、金銭交付のときに弁護士に帰属すると判断したが、これは次の事実を前提としている。

当該弁護士は、依頼者たる会社から適法な弁護士業務の一環として債務整理事務の委任を受けたこと、同事務の遂行のために、その費用として500万円を受領したこと、弁護士の個人名義で本件口座を開設してこの500万円を入金したこと、当初より本件差押えまで本件口座の預金通帳及び届出印を管理し、預金の出し入れを行っていたことである。

債務整理のために受領した金銭の預り口座の預金債権が弁護士と依頼者のいずれに帰属するかは、具体的事実により個別に判断していくことになると考えられる。

　実務の対応として、債権者からの差押えを回避するには、弁護士が個人名義で債務整理を遂行するための銀行口座を開設し、その口座の通帳及び届出印は弁護士が管理することが重要である。

　エ　上記最高裁平成15年6月12日判決は「債務整理事務の委任を受けた弁護士が委任者から債務整理事務の費用に充てるためにあらかじめ交付を受けた金銭は、民法上は同法649条の規定する前払費用に当たるものと解される」との一般論から、「滞納会社の滞納税の徴収のためには、弁護士に対する債権を差し押さえることはできても、弁護士の銀行に対する本件預金債権を差し押さえることはできない」と判断を示している。

　したがって、弁護士は債務整理の委任関係が終了した場合、前払費用に残金があれば、依頼者に返還すべき義務を負うから、債権者は債務者が弁護士に対して有する前払費用返還請求権を差し押さえることができる。

2　弁護士預り金口座に入金された資金の追及

(1)　預り金の返還請求権の差押えの可否

　弁護士の預り金口座に入金された滞納会社の資金に対する追及としては、任意整理委任契約が解除されたときに発生する預り金の返還請求権を差し押さえた上で、滞納会社と弁護士との任意整理委任契約を、差押えの取立権により解除して取り立てることが考えられる。

　任意整理において弁護士が預った資金の返還請求権は、任意整理委任契約が継続している間は存在しない債権であるが、任意整理委任契約が解除されれば発生する将来債権と考えられる。それでは、この将来発生する返還請求権を任意整理委任契約が解除される前に差し押さえることができるか検討する。

　将来発生する債権のうち、継続的給付に係る債権については、民事執行法第151条及び国税徴収法第66条に、差押えの対象となることを前提として、差押えの効力が差押え後に受けるべき給付に及ぶ旨が規定されている。

　継続的給付に係る債権でない将来発生する債権については、既にその発生の基

礎となる法律関係が存在して、近い将来における発生が確実に見込めるため財産価値を有するものであれば、その債権を特定できる限り、執行対象となるとされている。

任意整理委任契約が解除されることによって発生する預り金の返還請求権は、強制執行及び滞納処分の実務においても差押えが実施されている。

したがって、任意整理委任契約が解除されることによって発生する預り金の返還請求権についても、任意整理委任契約が解除される前において、将来債権として差し押さえることができる。

(2) 取立権による任意整理委任契約の解除の可否

ア 生命保険の解約返戻金請求権の差押債権者の解約権行使の可否

生命保険の解約返戻金請求権は、差押えの対象となり、強制執行又は滞納処分の実務において差押えが実施されている。生命保険の解約返戻金請求権を差し押さえた債権者が、これを取り立てるために、取立権に基づき解約権を行使することができるかについては、最高裁は、次のとおり判示して、取立権に基づき解約権を行使することができるとした（最高裁平成11. 9. 9判決、民集53巻7号1173頁）。

「生命保険契約の解約返戻金請求権を差し押さえた債権者は、これを取り立てるため、債務者の有する解約権を行使することができると解するのが相当である。その理由は、次のとおりである。

1 金銭債権を差し押さえた債権者は、民事執行法第155条第1項により、その債権を取り立てることができるとされているところ、その取立権の内容として、差押債権者は、自己の名で被差押債権の取立てに必要な範囲で債務者の一身専属的権利に属するものを除く一切の権利を行使することができるものと解される。

2 生命保険契約の解約権は、身分法上の権利と性質を異にし、その行使を保険契約者のみの意思に委ねるべき事情はないから、一身専属的権利ではない。

また、生命保険契約の解約返戻金請求権は、保険契約者が解約権を行使す

ることを条件として効力を生ずる権利であって、解約権を行使することは差し押さえた解約返戻金請求権を現実化させるために必要不可欠な行為である。したがって、差押命令を得た債権者が解約権を行使することができないとすれば、解約返戻金請求権の差押えを認めた実質的意味が失われる結果となるから、解約権の行使は解約返戻金請求権の取立てを目的とする行為というべきである。他方、生命保険契約は債務者の生活手段としての機能を有しており、その解約により債務者が高度障害保険金請求権又は入院給付金請求権等を失うなどの不利益を被ることがあるとしても、そのゆえに民事執行法第153条により差押命令が取り消され、あるいは解約権の行使が権利の濫用となる場合は格別、差押禁止財産として法定されていない生命保険契約の解約返戻金請求権につき預貯金債権等と異なる取扱いをして取立ての対象から除外すべき理由は認められないから、解約権の行使が取立ての目的の範囲を超えるということはできない。」

イ　預り金返還請求権の差押債権者の任意整理委任契約解除権行使の可否

　任意整理委任契約が解除されることによって発生する預り金の返還請求権は、差し押さえたままでは発生していないので取り立てることができない。任意整理委任契約が終了するのを待っていては、預り金が債権者に対して弁済（配当）されて差押えの実益が消滅するので、早期に解除権を行使する必要がある。

　そこで、差押えの取立権（徴収67①）に基づき、滞納会社の有する任意整理委任契約の解除権を行使することができるか検討する。

　取立権については、差押債権者は自己の名で被差押債権の取立てに必要な範囲で債務者の一身専属的権利に属するものを除く一切の権利を行使することができると解されている。任意整理委任契約の解除権は、身分法上の権利ではなく、その行使を委任者である滞納会社のみに委ねなければならないものではないから、一身専属権ではないと考えられる。

　前掲の最高裁判決も、生命保険契約の解約返戻金請求権を差し押さえた債権者がその取立権に基づき解約権を行使することを認めている。したがって、預

り金の返還請求権を差し押えた租税債権者がその取立てのために、任意整理委任契約の解除権を行使することができると考えられる。

3　任意整理委任契約の解除に伴う報酬債権と被差押債権との相殺の可否

(1)　受任者の報酬

民法第648条第1項は、受任者は特約がなければ報酬を請求できないと定めているが、たとえ報酬の合意がなくても、相当額の報酬を支払う黙示の契約又は慣行があるとみるべきであると解されている。そして、同条第2項は、受任者は委任事務を履行した後でなければ、報酬を請求できないと定めているが、これは、報酬の支払時期のことであって、報酬請求権は委任契約を締結した時に発生していると解するべきであると考える。

民法第648条第3項は、委任が受任者の責めに帰することができない事由により履行の中途で終了したときは、受任者は既にした履行の割合に応じて報酬を請求できると規定している。したがって、受任者である弁護士が委任の本旨に従い善良なる管理者の注意をもって任意整理を処理していた中途に、滞納会社が有する預り金の返還請求権を差し押えた租税債権者が取立権より任意整理委任契約を解除した場合には、解除された時までに処理した割合による報酬を請求できると考えられる。

(2)　報酬債権と被差押債権である預り金との相殺

ところで、委任の報酬は後払いが原則である（民法648②）ので、任意整理の委任を受けた弁護士が滞納会社の資金を任意整理の弁済（配当）資金として預かる場合は、預り金の中から報酬を受けることになると思われる。

債権差押えにおいて取立てを受ける第三債務者は、差押債権者に対して債務者に主張できる一切の抗弁（弁済、免除、相殺、期限未到来など）をもって対抗できる。

そこで、任意整理の弁済（配当）資金としての預り金の返還請求権の差押えを

受けた弁護士は、差押債権者による取立権任意整理委任契約が解除され、預り金の取立てを受けたときは、自己の報酬を確保するため、任意整理委任事務の履行の割合に応じた報酬債権と被差押債権である預り金との相殺を主張することが考えられる。

したがって、任意整理の受任弁護士は、履行の割合に応じた報酬債権と被差押債権である預り金とは同じく金銭債権であるから、対等額において、相殺できると考える。

4　信託的債権譲渡に対する第二次納税義務による追及の可否

倒産した滞納企業の任意整理を弁護士に委任し、債権者に対する配当財源を確保するために売掛金等の債権が受任弁護士に信託的に譲渡された場合、滞納租税の徴収策としては、詐害行為取消訴訟によって対応している。

ところで、租税の徴収においては、詐害行為取消訴訟によらないで、簡易、迅速に租税の徴収確保を図る「無償譲渡等の第二次納税義務（徴収39）」という制度がある。そこで、この無償譲渡等の第二次納税義務による追及の可否について検討する。

まず問題となるのは、滞納会社が唯一の財産である売掛金等を、任意整理を委任した弁護士に対して信託的に譲渡したことが、同法39条にいう「無償又は著しく低い額の対価による譲渡、債務の免除その他第三者に利益を与える処分」に該当するかどうかである。

「譲渡」とは、贈与、特定遺贈、売買、交換、債権譲渡、出資、代物弁済等による財産権の移転をいい、売買、交換、債権譲渡についてはそれにより取得した金銭又は財産が、出資についてはそれにより取得した持分又は株式が、代物弁済についてはそれにより消滅した債務が、それぞれ同法第39条の「対価」であると解されている。

譲受人である弁護士は、売掛金等の信託的債権譲渡を受けても、これに対して、何らの「対価」を支払うことはない。そうすると、任意整理を委任した弁護士に

対する信託的債権譲渡は、形式的には、「無償の譲渡」ということになるであろう。

次に問題となるのは、譲受人である弁護士は、信託的債権譲渡による「受けた利益」があるかである。

詐害行為取消権は、債務者の行った債権者を害する法律行為を否認して流出した責任財産を取り戻す制度であるが、国税徴収法第39条の第二次納税義務は、滞納者の行った租税債権者を害する法律行為の私法関係はそのまま是認するとともに、その相手方に「受けた利益」を返還させる制度とみることもできる。

このようなことから信託的債権譲渡をみると、譲受人である弁護士は譲受債権の管理者にすぎず、譲受債権を取り立てて債権者に配当しなければならないものであり、当初から利益を受けることが予定されていないものであるといえる。

そうすると、任意整理を受任した弁護士に対する信託的債権譲渡は、形式的には、国税徴収法第39条の「無償譲渡」に該当するとしても、それによって譲受人である弁護士は「受けた利益」がないから、第二次納税義務を負わせることはできないと考える。

債権譲渡を受けた売掛金等を取り立てて、その中から任意整理の報酬を受けることがあると思われるが、それは委任事務の対価であるので、ここでいう「利益」ではない。国税徴収法第39条の第二次納税義務は、滞納者が無償譲渡等の処分をし、そのために租税債権が満足できないような資産状態に至らせた場合に、詐害行為取消訴訟に代えて、当該財産の譲受人に対して納税義務を課し、簡易・迅速に租税の徴収確保を図ろうとするものであるが、同法第39条は、①財産譲渡の当事者の「詐害の意思」の存在は要件とされていないこと、②無償譲渡等の処分がされたときのみを対象としていることなどにおいて、詐害行為の取消しと成立要件を異にしている。したがって、同法第39条の第二次納税義務を賦課できない場合（例えば、無償譲渡等の処分に該当しない場合）であっても、詐害行為取消訴訟を提起できる場合もある。

5　任意整理における信託的債権譲渡に対する詐害行為取消しの事例

（東京地裁昭和61.11.18判決、訟月33巻 7 号1863頁）

(1)　事案の概要

　　X（国）は滞納会社に対して租税債権836万円余を有していたところ、滞納会社はY(2)会社に対する売掛金2,357万円余を弁護士Y(1)に信託的に譲渡して、その直後に手形不渡りを出して倒産した。

　　滞納会社は、本件債権譲渡契約当時、多額の負債を抱えて債務超過の状態にあり、本件売掛金を弁護士Y(1)に譲渡したことにより、他にみるべき財産はなくなった。

　　そこで、X（国）は、「滞納会社の代表者は、本件債権譲渡の 2 か月前に、本件租税債権について国税徴収法第151条の換価の猶予を受け、国税通則法第55条により滞納会社振出の約束手形12枚（額面総額900万円）を提供して納付委託をするなどしており、本件滞納租税の存在を知悉していた。また、滞納会社の代表者は、滞納会社が第 1 回の手形不渡りを出した日に、弁護士Y(1)に対して、滞納会社の資産負債の内容を明らかにした上で、債務処理を依頼するとして本件債権譲渡契約を締結したのであるから、滞納会社の代表者は、本件債権譲渡により滞納会社の唯一ともいうべき財産である本件売掛金を滞納会社から流出させることになり、これによって、Xの租税債権の徴収が困難になることを熟知していた。」として、本件売掛金のうち履行期限が早く到来する1,204万円余を差し押さえ、Y(2)会社に通知するとともに、Y(1)に対して詐害行為取消権により本件債権譲渡契約の取消しを求め、Y(2)会社に対しては差押えに係る売掛金のうち836万円余の支払を求めた。

　　これに対して、Y(1)は、事実関係についてはX（国）の主張をおおむね認めた上で、「Y(1)は滞納会社から裁判外の手続でその負債を整理し財産関係の清算をすること（いわゆる任意整理）を受任し、金融業者の取立てから配当原資を確保して任意整理を公平かつ公正に遂行するために、滞納会社からその唯一の資産である本件売掛金の信託的譲渡を受けたもので、本件債権譲渡は実質的にみて滞納

会社の一般財産を減少させるものではなく、X（国）を害する法律行為とはいえない。ちなみに、租税債権といえども、本件のような任意整理手続においては、優先権を無制限に主張することは許されず、確保された資産からの適正な配当により満足するべきである。

　また、滞納会社及びY(1)は、債権譲渡に際し、滞納会社の財産をできる限り確保し任意整理によってX（国）を含む多数債権者に平等な債務の返済をすることを望んでいたにすぎないから、詐害の意思はなかった。」と反論した。

(2)　判決要旨

　債務者が任意整理の配当原資確保の目的でその受任者に対してなす財産の信託的譲渡であっても、これによって右財産は債務者の一般財産から流出し、その債権者は右財産に対する強制執行等右財産から弁済を受ける法的手段を剥奪され、受任者の自発的な支払を期待する他なくなるのであるから、右譲渡は債権者を害する法律行為であるというべきである。

　債務者に詐害意思があるというためには、当該法律行為によって債務者の財産が減少し、そのために残余の財産をもってしては債権者が債務の弁済を受け得なくなることを認識しておれば足り、任意整理の目的の故に詐害意思の存在が否定されるものではない。また、任意整理の受任者がたとえ右目的で債務者から財産の譲渡を受けたとしても、そのことをもって受任者に詐害の意思がないということはできないことは同断である。

(3)　検　討

　ア　任意整理の配当原資を確保するための信託的債権譲渡は詐害行為か

　詐害行為取消権は、債務者が債権の共同担保（責任財産）の不足することを知りつつ財産減少行為をした場合に、その行為の効力を否認して責任財産の保全を図ることを目的とする制度である。そして、詐害行為取消権の成立要件は、①債務者が債権者を害する法律行為（詐害行為）をしたこと（客観的要件）と、②債務者及び受益者又は転得者が詐害の事実を知っていること（主観的要件）、の2つである。

　滞納会社が任意整理を委任した弁護士に対してなした売掛金等の信託的債権譲渡が債権者X（国）を害する法律行為に該当するかであるが、債権者を害するとは、一般的には、債務者の財産処分行為によって、その一般財産が減少し、債権の共同担保に不足を生じ、若しくは既に不足している共同担保の不足がその程度を深め、そのために債権者に完全な弁済をすることができなくなることである。そして、消極財産の総額が積極財産の総額を超えること、すなわち債務超過又は無資力となることが、債権者を害することになるとされている。

　また、債権譲渡も財産譲渡の一形態であるので、詐害行為となることがあり、これが無償又は不当な廉価で譲渡する行為は詐害性が大きいという点において異論がないとされている。

　そうすると、本件の信託的債権譲渡は、それ自体は滞納会社から弁護士Y(1)に対する無償の財産譲渡というほかなく、滞納会社は本件の信託的債権譲渡によって無資力、無財産となり、滞納租税の徴収が困難になっているのであるから、本件の信託的債権譲渡は、一般的には、詐害行為性があると考えられる。

イ　本件においては、Y(1)は債権譲渡が行われた事実関係はおおむね認めた上で、本件債権譲渡は金融業者の取立てから配当原資を確保して任意整理を公平かつ公正に遂行するためになされたものであるので、X（国）を害する法律行為とはいえないと主張した。

　任意整理においては、一部の強硬な債権者の取立てや強制執行を回避して、全債権者に対する公平な配当の原資を確保する方法として、売掛金等の債権を債権者代表や弁護士に信託的に譲渡することが行われる。

　本件における配当原資を確保する目的の信託的債権譲渡が、「目的・動機の正当性」があり、「手段・方法の相当性」に該当するかである。

　一部の強硬な債権者の取立てや強制執行を回避して、全債権者のための配当原資を確保するための信託的債権譲渡は、任意整理が公平かつ公正に実行される限りにおいては「目的・動機の正当性」が存在するように思われる。しかし、一部の債権者がいち早く自己の債権の満足を図るなど、任意整理が公平かつ公

正に実行されない場合は「目的・動機の正当性」は存在しないであろう。

　特に、X（国）は、国税徴収法により租税債権全額を徴収しなければならず、任意整理に参加して、租税債権の減免や猶予等をすることができないから、本件債権譲渡はX（国）の徴収手段を剥奪し、少なくとも、X（国）に対する関係においては、本件債権譲渡は、「目的・動機の正当性」と「手段・方法の相当性」という特段の事情がなく、X（国）を害する法律行為ということになろう。

　ウ　債務者の詐害の意思については、当該法律行為が詐害行為となることを認識することで足りるとするのが通説である。判例は、債務超過の状態にある債務者が、特定の債権者だけに優先的に債権の満足を得させる意図のもとに行った債権譲渡については、受益者と「通謀」があったことを要件としている。つまり、判例は、主観的要件は独立した要件ではなく、行為の詐害性との相関において判断されるものであるとし、各事案につき個別的に行為者の主観的事情と客観的態様を総合的に検討した上、その行為が正当として是認し得るかという観点に立って、詐害行為の成否を判断しているようである（最高裁昭和33.9.26判決、民集12巻3022頁、大阪高裁昭和45.12.25判決、訟月17巻6号899頁）。

　受益者の詐害の意思については、学説、判例とも、一般的には単なる認識で足りるとしている。また、債務者について通謀が要求される類型の詐害行為にあっては、受益者についても認識以上の意思が必要となるとされている。

　本件の事実関係をみると、滞納会社の代表者は、本件債権譲渡のおよそ2か月前に、滞納国税の納付のために滞納会社振出しの約束手形12枚をX（国）に提供していること、滞納会社の代表者が滞納会社の資産負債の内容を明らかにした上で本件債権譲渡をしていることから、Y(1)も滞納国税の存在を知っていたと思われる。

　そこで、Y(1)は、この事実関係は争わず、「租税債権といえども、任意整理手続においては、優先権を無制限に主張することは許されず、確保された資産からの適正な配当により満足すべきである、滞納会社とY(1)は本件債権譲渡に

際し、滞納会社の財産をできる限り確保し任意整理によってX（国）を含む多数の債権者に平等な債務の返済をすることを望んでいたにすぎないから、詐害の意思はなかった。」と主張した。

　ところで、本件債権譲渡は無償による譲渡であるから、詐害性の強い行為であり、判例によれば、債務者及び受益者の詐害の意思は、本件債権譲渡により滞納国税の徴収が困難になるとの認識で足りることになり、滞納会社、Y(1)ともに、詐害の意思があったことになる。

　仮に、滞納会社とY(1)とが滞納会社の財産をできる限り確保し任意整理によってX（国）を含む多数の債権者に平等な債務の返済をすることを望んでいたとしても、滞納国税は国税徴収法に従って全額を徴収しなければならず、任意整理に参加して、税額の免除や納付の猶予をする余地は全くないのであるから、滞納会社、Y(1)ともに、詐害の意思がなかったとはいえないことになる。

　したがって、任意整理における信託的債権譲渡は、客観的要件、主観的要件ともに満たすことになり、たとえ一般債権者に対する公平かつ公正な任意整理のためのものであっても、租税債権者に対する関係においては詐害行為が成立するといわざるを得ない。

第4章　民事再生

第1節　民事再生手続

　民事再生は、再建型の法的倒産処理手続であり、再生債務者が法人であっても、破産や特別清算の場合と異なり、解散せずに継続する（会社47①五、475、510）。会社更生手続が株式会社のみに適用され、しかも大規模企業をその対象としているのに対して、民事再生手続は株式会社に限らず、すべての法人及び自然人が申立てをすることができる。また、外国人及び外国法人も対象になる（民事再生3）。

　民事再生手続は、申立て時に破産原因が生ずるおそれがあれば足り、再生計画案も債権届出期間の満了後、裁判所の定める期間内に提出すればよく、再生計画認可後も再生計画が遂行されるまで監督委員が再生会社を監督し、裁判所がその背後から見守るといった緩やかな監視体制を敷いている。

　再生手続は、再生債務者の自主再建の意欲を尊重することを基本とするDIP型の手続であり、事業を熟知した再生債務者自らが主体となって事業の再生に向けた取組みを行うため、迅速な手続の進行が可能となっている。具体的には、申立てから1週間で開始決定を行い、3か月で計画案が提出され、5か月で債権者集会を開催して認可決定を行うことを標準的なスケジュールとしている。

　そのため、裁判所書記官は、申立ての時点において予定している再生スキームを聴取することとされている。具体的には、自主再建を目指すのか、又はスポンサーによる支援を受けるのか、収益弁済を予定するのか、又は計画内若しくは計画外の事業譲渡若しくは会社分割を検討中であるか等である。例えばプレパッケージ型の場合には、直ちに譲渡先の選定手続が公平であるか、対価が適正である

かの調査が必要となり、また、事業譲渡を予定している場合には、その実行時期に応じてスケジュールを検討する必要がある。

　事業譲渡をするかどうか、譲渡の対価その他の譲渡契約の内容をどうするかは、再生債権者等の利害にかかわる重大な問題であり、事業再生の基本的な枠組みを決定するものでもあることから、再生手続においては、再生手続開始後において、事業譲渡をするには、裁判所の許可を得なければならないとされている（民事再生42①）。

　ここでは、再生計画によらない事業譲渡、会社分割の許可手続について、特に解説を加える。

▶再生手続の流れ

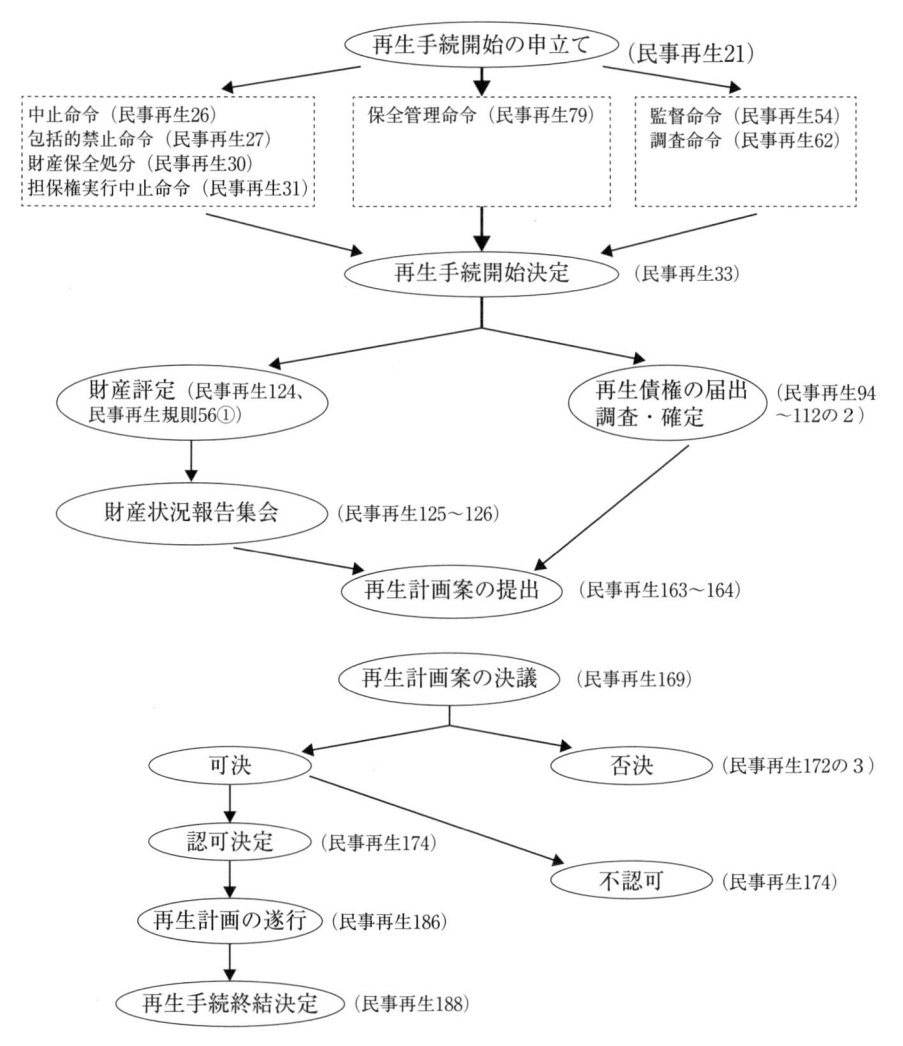

1 再生手続の開始決定

(1) 開始原因

　債務者に申立て原因があるとき、つまり、①債務者に破産手続開始の原因となる事実の生じるおそれがあるとき、又は、②債務者が事業の継続に著しい支障を

来すことなく弁済期にある債務を弁済することができないときは、民事再生手続の開始の申立てをすることができる（民事再生21①）。

破産手続の開始原因とは、「支払不能」と、法人について、「債務超過」をいい（破産15①、16、2十一）、民事再生は、支払不能か債務超過の事実が生じるおそれがあるときと規定し、早期申立てが可能となっている。

「支払不能」とは、「債務者が、支払能力を欠くために、その債務のうち弁済期にあるものにつき、一般的かつ継続的に弁済することができない状態」にあることをいう（同法2⑪）。資産があったとしても、直ちに換価が困難なものであれば、支払不能が認められる可能性がある。

「債務超過」とは、「債務者が、その債務につき、その財産をもって完済することができない状態」をいう（同法16①かっこ書）。

弁済期にある債務を弁済することにより、債務者の事業の継続について著しい支障が生じることとは、具体的には、手形、買掛債務等の各種決済資金の不足の場合であり、この事実は、申立人において疎明しなければならない（民事再生23①）。

(2) 申立て

「債務者」又は「債権者」が申立権者となる（民事再生21②）。法人の場合には、一般社団法人、一般財団法人においては「理事」が、株式会社又は相互会社においては「取締役」が、合名会社、合資会社又は合同会社においては「理事等」がそれぞれ申立権を有している。

再生手続開始の申立ては、最高裁判所規則で定める事項を記載した書面「民事再生手続開始申立書」を必要添付書類とともに裁判所に提出し、予納金を納付する。予納金は公告費用や監督委員、管財人の報酬に充てられる。

(3) 保全処分発令と監督委員の選任

再生手続開始申立て後において、開始決定後の円滑な再生手続の進行、債務者の財産の散逸防止等を目的として、裁判所から債務者に対して、申立て前までに生じた債務の弁済を禁止する保全処分命令が発令される（民事再生30①）。債務

者は、申立てまでに生じた債務を裁判所の命令によって、支払うことができなくなるが、資金繰りに窮した債務者にとっては、再生手続により再建を図るために、合法的に旧債務の弁済を停止できるということである。

また、裁判所は、①破産手続、特別清算手続、②再生債権に基づく強制執行、仮差押え、仮処分又は再生債権を被担保債権とする民事留置権の実行としての競売の手続で、債務者に対して既になされているもの、③財産関係の訴訟手続及び行政庁に係属している手続の中止を命ずることができる（民事再生26①）。

裁判所は、保全処分と同時に、監督委員を選任する（同法54）。監督委員は、債務者が行う一定の行為について、同意を与えるか否かを判断したり（同条②）、債務者の業務や財産の状況についての調査権を有し（民事再生59）、再生手続の適正を担保する。債務者は、民事再生申立て後も、法人の財産管理処分権を引き続き保有して、経営を継続するが、監督委員の権限の範囲で制約を受けることになる。

⑷　再生手続開始決定手続

裁判所は、再生手続開始の申立てがあった場合において、申立ての原因となる事実があり（民事再生21）、かつ、次の棄却事由（同法25）がない限りは再生手続の開始決定を行う（同法33①）。

① 　再生手続の費用の予納がないとき

② 　裁判所に破産手続又は特別清算手続が係属し、その手続によることが債権者の一般の利益に適合するとき

③ 　再生計画案の作成若しくは可決の見込み又は再生計画の認可の見込みがないことが明らかであるとき

④ 　不当な目的で再生手続の開始の申立てがされたとき、その他申立てが誠実にされたものでないとき

（注）　民事再生手続には、①完全な DIP 型（民事再生38①）、② DIP 型ではあるが監督委員が選任される型（同法54①、②）、③管財人選任による管理型（同法64①、②、66）がある。③の管財人管理型では、再生債務者の財産の管理又は処分が失

当であるとき、その他再生のために必要な場合に、利害関係人の申立て又は裁判所の職権で管財人による管理が命ぜられる。財産の管理・処分権限は管財人に専属する。東京地裁、大阪地裁では、原則として監督命令を発して監督委員を選任するという実務運用がなされている。

2　再生手続開始決定の効果

(1)　再生手続開始決定の効果

　再生債務者は、再生手続が開始されても、その業務遂行権及び財産管理処分権を有する（民事再生38①）。したがって、再生債務者は、民事再生手続が開始されても、監督委員の同意を得なければならない行為が指定されるなどの一定の制約はあるものの、従前どおり、法人の経営を継続することができる。

　同時に、再生債務者は、債権者に対し、公平かつ誠実に、業務遂行権及び財産処分権を行使し、再生手続を追行する義務を負う（同条②）。これを再生債務者の公平忠実義務といい、再生手続開始後においては、再生債務者は再生手続の機関として、債権者に対して、公平かつ忠実に業務遂行及び財産管理処分を行わなければならない。

　再生債権者は、再生債務者から個別的に再生債権の弁済を受けることができなくなり（民事再生85①）、また、既に判決等の債務名義を得ていた場合においても、強制執行はできなくなり、進行中の強制執行等は中止する（同法39①）。再生債権に関する訴訟手続が継続していた場合、訴訟手続は中断する（同法40①）。

(2)　別除権

ア　意義

　民事再生手続では、抵当権、特別先取特権などの担保権は、別除権として取り扱われる点で破産手続と同じであり（民事再生53）、担保権を手続に組み込む会社更生手続とは異なる。民事再生法は、別除権についても実行中止命令を認めるとともに、担保目的物の価額の支払により担保権を強制的に消滅させてしまう手続を設けた。これが担保権消滅の制度である。なお、会社から取立委

任を受けた約束手形につき商事留置権を有する銀行は、同会社の再生手続開始後の取立てに係る取立金を、法定の手続によらず同会社の債務の弁済に充当し得る旨を定める銀行取引約定に基づき、同会社の債務の弁済に充当することができるとされている（最高裁平成23.12.15判決、判時2138号37頁）。

イ　担保権消滅制度

　再生債務者又は管財人が選任されている場合にあっては管財人（以下「再生債務者等」という。）の申立てにより、事業の継続に欠くことのできない財産上に別除権となる担保権が存するときは、担保権者と交渉の上、一定の財産価額を提示して担保権の消滅させることの許可を裁判所に申し立てることができる（民事再生148①）。これが担保権消滅の制度と呼ばれるものである。

　なお、滞納租税につき、再生債務者の財産上に抵当権を設定している場合も、この制度の適用の対象となる。

　担保権消滅許可手続に異議のある担保権者は、①事業不可欠性の要件を争い、担保権消滅許可決定に対して即時抗告し（同条④）、又は②提示された財産価額を争い、価額の決定を請求することになる（民事再生149①）。

　再生債務者等は、裁判所の定める期限までに、確定した価額に相当する金銭を裁判所に納付しなければならず（同法152①）、納付がされない場合には担保権消滅許可決定は取り消される（同条④）。裁判所は、納付された金銭について、民事執行と同様の手続により担保権者に配当を実施する（民事再生153）。

　実務は、再生債務者等は担保権者との話し合いの中で、被担保債権の長期分割弁済を約束するとともに、担保権の実行をしない旨を合意するいわゆる別除権協定が締結される。

(3)　**相殺権**

ア　相殺の許容

　再生債権者が再生手続開始当時、再生債務者に対して債務を負担している場合、債権債務が債権届出期間満了前に相殺適状になったときは、再生債権者は、債権届出期間内に限り、相殺することができる（民事再生92①）。

イ　再生債権者が債務を負担した場合の相殺禁止

　再生債権者は、次の①から④の場合には、相殺をすることはできない（同法93①）。

　①　再生手続開始後に再生債務者に対して債務を負担したとき（同項一）。

　②　再生債務者が支払不能になった後に、再生債務者との契約によって負担する債務を、専ら再生債権と相殺させる目的で、その財産の処分を内容とする契約を締結し、又は、再生債務者に対して債務を負担する者の債務を引き受けたことによって、債務を負担した場合であって、その契約の締結又は債務引受の当時、支払不能であったことを知っていたとき（同項二）。

　③　支払の停止があった後に、再生債務者に対して債務を負担した場合であって、その負担の当時、支払の停止があったことを知っていたとき（同項三）。ただし、支払の停止があった当時、支払不能でなかったときは、相殺することができる。

　④　再生債務者について、再生手続開始、破産手続開始又は特別清算開始申立てがされた後に、その事実を知って、再生債務者に対して債務を負担した場合（同項四）。

　なお、上記①から④については、債務負担が、法定の原因に基づくとき、支払不能、支払停止、再生手続開始の申立て等があったときよりも1年以上前に生じた原因に基づくときは、相殺が可能である（民事再生93②一～三）。

ウ　再生債務者に対して債務を負担する者が再生債権を取得した場合の相殺禁止

　上記イと同様に、再生債務者に対して、債務を負担する者についても、再生手続後に他者の再生債権を取得したり、支払不能、支払停止、再生手続開始申立て等がなされた後、その事実を知って、再生債権を取得した場合には、相殺の担保的機能に対する合理的期待があるとはいえないので、相殺は禁止される（同法93の2①）。

3　再生計画によらない事業譲渡の許可

(1)　民事再生手続における事業譲渡

　民事再生手続における事業譲渡は、再生債務者の事業の全部又は重要な一部を他に譲渡し、当該事業の再建を図るための方法として行われる。当該事業目的のために組織化された有機的一体としての財産として、再生債務者の土地及び建物、機械設備、売掛金債権、雇用契約、外部との取引契約関係などが一体として譲渡されることは、通常の事業譲渡と同じである。

　民事再生手続において、事業譲渡を行う方法としては、再生計画によらない事業譲渡と再生計画による事業譲渡がある。再生計画による事業譲渡は、事業譲渡の内容を再生計画案の条項として盛り込むものである。民事再生法上、再生計画案に定める条項として、事業譲渡の定めはないが、再生計画による事業譲渡も当然に認められると考えられている。

(2)　再生計画によらない事業譲渡

ア　事業譲渡についての裁判所の許可

　再生手続開始後においては、再生債務者等が再生債務者の営業又は事業の全部又は重要な一部を譲渡する場合、裁判所の許可を得なければならないとし、裁判所は、当該再生債務者の事業の再生のために必要であると認める場合に限り、許可をすることができる（民事再生42①）。

イ　債権者等の意見聴取

　裁判所は、事業譲渡の許可をするかどうかの判断を行うために、知れている再生債権者の意見を聴かなければならない（同条②）。また、労働組合がある場合には、その意見を聴かなければならない（同条③）。

　裁判所は、この再生債権者の意見を聴く方法として、債権者意見聴取のための期日を設けており、あらかじめ事業譲渡の概要を記載した書面とともに、知れている再生債権者等に同期日を通知して、同期日で意見を聴く機会を設けている。また、実務運用として、裁判所における意見聴取期日に先立ち、再生債務者による事業譲渡に関する説明会が開催されることもある。

ウ　裁判所の許可なく行われた事業譲渡の効力

　裁判所の許可なく行われた事業譲渡は無効であるが、善意の第三者に対抗することはできない（民事再生42④、41②）。

⑶　再生計画による事業譲渡

　民事再生においては、会社更生のように再生計画に事業譲渡に関する条項を定めることができる旨の規定（会社更生167②、174六）はないが、再生計画に事業譲渡に関する条項を規定し、再生計画により事業譲渡を実施することはできると解されている。

　この場合、再生計画が債権者集会で可決され（民事再生172の３）、裁判所がこれを認可し（同法174）、認可決定が確定すれば、株主総会の決議に代わる裁判所の許可あるいは株主総会の決議を要件として、再生計画による事業譲渡が実行される。

　なお、再生計画による事業譲渡の場合においても、労働組合がある場合は、その意見聴取がなされる（同法168）。

⑷　事業譲渡に関する株主総会の決議による承認に代わる裁判所の許可

　株式会社においては、事業譲渡を行う場合、株主総会の決議が必要である（会社467①一、二）。しかし、民事再生中の株式会社が、債務超過であり、かつ、事業の継続のために必要である場合には、この株主総会の決議による承認を裁判所の許可で代替することができる（民事再生43①）。債務超過の場合には、株主の実質的な価値が失われていることから、株主総会における決議よりも事業譲渡による事業継続の必要性を優先したものである。

4　会社分割の許可手続

⑴　事業承継と会社分割

　会社分割とは、株式会社又は合同会社が、その事業に関して有する権利義務の全部又は一部を、分割後他の会社又は分割により設立する会社に承継させることを目的とする会社の行為である。会社分割は、分割会社の営業を新たに設立する

会社に承継させる新設分割（会社2三十）と、既存のほかの会社に承継させる吸収分割（同条二九）に分けられる。会社分割には、事業譲渡に比較して、次のようなメリットがあると指摘されている。

① 　事業譲渡の場合は事業を構成する資産について個別の譲渡手続が必要であるのに対し、会社分割では不要であり、契約の相手方の個別同意がなくとも原則として事業に関する契約関係を強制的に移転することが可能である。

② 　再生債務者が許認可を要する事業を営んでいるときには、各許認可の根拠法令上承継人が改めて許認可を取り直す必要がないものとされているものが多い（食品衛生法53、建築基準法68の15）。

③ 　さらに、会社分割は、事業譲渡と異なり、消費税が課されず、一定の要件を満たす場合には不動産取得税が課されず、登録免許税について軽減措置があるなどの税務上のメリットがある。

⑵　再生手続における会社分割

　会社更生手続においては、会社分割を行うには更生計画の定めによらなければならないとの明文の規定があるが（会社更生45①七）、再生手続においては、前記のとおり、株主は原則として再生手続に参加せず、その権利行使も手続の制約を受けないことから、再生債務者は、再生手続開始後も、組織法上の行為である会社分割を、会社法の手続に従って行うことが可能である。会社分割を事業承継の手段として利用する場合には、①新設分割により新設会社に事業を承継させた上、再生債務者が取得した新設会社の株式をスポンサーに譲渡するという方法と、②吸収分割によりスポンサー又はスポンサーの関連会社に事業を承継させ、再生債務者が分割の対価として現金を取得するという方法の二つがある。

　再生債務者は、新設分割の場合には、新設分割計画の策定とスポンサーに対する新設分割設立会社の株式の譲渡契約の締結に先立ち、監査委員の同意を得なければならない。監督委員の同意を得て、裁判所の許可を停止条件とした契約を締結した後、会社分割の許可申立てを行う。

　再生債権者からの意見聴取についても、再生債務者において監督委員が同席す

る債権者説明会（民事再生規則61①）を開催し、再生債権者に対する詳細な情報提供を行い、その後に監督委員から再生債権者の意見聴取を行う。説明会後の打合せにおいて、再生債務者からの報告（同条②）及び監督委員の意見等に基づき、許否を判断する運用である。

(3) 濫用的会社分割

　債務超過の状態にある会社（分割会社）について、新設会社又は承継会社に対して、事業及び事業に必要な資産並びに事業の継続のため協力が必要な一部の債権者に対する債務を承継させる一方、分割会社には不要な資産並びに金融債権者に対する債務及び公租公課債務を残すという会社分割が行われることがある。その結果、承継された債権者は新設会社又は承継会社から100パーセントの弁済を受ける一方、金融債権者及び公租公課庁にはわずかな弁済しかされないという不均衡が生ずることになり、これが濫用的会社分割の問題である。

濫用的会社分割について詐害行為取消権の行使が可能であるとされた事例
（最高裁平成24.10.12判決）

（事案の概要）

　Aは、新設分割（以下「本件新設分割」という）によりY（被告・控訴人・上告人）を設立して不動産を承継させた。Aに対する保証債務履行請求権の管理及び回収を委託されたX（原告・被控訴人・被上告人）は、Aが本件新設分割により不動産をYに承継させたことが詐害行為に当たるとして、Yに対し、詐害行為取消権に基づき、本件新設分割の取消し及び不動産についてされた本件新設分割を原因とする所有権移転登記の抹消登記手続を求めた。第一審はXの請求を認容し、原審も第一審判決を相当としてYの控訴を棄却した。これに対し、Yは、新設分割は財産権を目的としない法律行為であり、また、新設分割を詐害行為取消権行使の対象とすることは会社法の趣旨に反するなどとして上告受理申立てを行った。

（判　旨）

　　上告棄却。「株式会社を設立する新設分割がされた場合において、新設分
　割設立株式会社にその債権に係る債務が承継されず、新設分割について異議
　を述べることもできない新設分割株式会社の債権者は、民法第424条の規定
　により、詐害行為取消権を行使して新設分割を取り消すことができると解さ
　れる」。

（実務の視点）

　　会社分割は会社の組織に関する行為であるところ、「財産権を目的としない法
律行為」（民法424②）にあたり、詐害行為取消しの対象にならないのではないか
が問題となる。また、法が会社分割につき会社債権者の保護制度（会社810）に
よって債権者の保護の措置を講じ、法的安定性確保の要請から会社分割無効の訴
えという形成訴訟の制度（同法828①十）を設けたのは、会社分割への民法上の
詐害行為取消権の行使を排除する趣旨であって、会社分割は詐害行為取消権行使
の対象とはならないのではないかが問題となる。本判決は前者につき、会社分割
が財産権を目的とする法律行為としての性質を有するものであるとし、会社の組
織に関する行為でもあることを理由としてただちに詐害行為取消権行使の対象に
ならないと解することはできないという判断を示した。さらに、後者につき、会
社債権者の保護制度によって保護されない債権者を詐害行為取消権の行使によっ
て保護する必要性がある場合が存するとした上で、詐害行為取消権の行使による
取消しの効力は、設立会社の設立の効力には何ら影響を及ぼすものではなく、法
的安定性を害するものではないとし、会社債権者の保護制度や会社分割無効の訴
えという形成訴訟の制度が設けられていることは、詐害行為取消権行使の適用を
否定する理由とはならないという判断を示した。本判決は、濫用的な会社分割に
ついて詐害行為取消権の行使が可能であることを最高裁として初めて示したもの
であり、今後の実務等に与える影響は大きいものと考えられる。他方で本判決は
「設立株式会社にその債権に係る債務が承継されず、新設分割について異議を述
べることもできない新設分割株式会社の債権者」について詐害行為取消権を行使
できると述べるのみであり、他のいかなる場合に会社分割について詐害行為取消

権の行使が認められるかを明らかにするものではない。

　平成26年改正会社法は、濫用的会社分割対策として、残存債権者に承継会社・設立会社に対する直接請求権を認めている（株式会社に権利義務を承継させる吸収分割について改正会社法759条4項、持分会社に権利義務を承継させる吸収分割について同法761条4項、株式会社を設立する新設分割について同法764条4項、持分会社を設立する新設分割について同法766条4項。以下この直接請求権を「本件新制度」という。）。

　まず、条文を確認する。「吸収分割会社」や「新設分割会社」等の表現が異なる点と、新設分割の場合には第4項ただし書が存在しない点（新設分割の場合には設立会社の悪意を観念できないためである。）を除けば各条ともに要件は同一であるので、ここでは、株式会社に権利義務を承継させる吸収分割について規定した改正会社法第759条を代表として挙げる。

会社法第759条（株式会社に権利義務を承継させる吸収分割の効力の発生等）

①～③（省略）

④　第1項の規定にかかわらず、吸収分割会社が吸収分割承継株式会社に承継されない債務の債権者（以下この条において「残存債権者」という。）を害することを知って吸収分割をした場合には、残存債権者は、吸収分割承継株式会社に対して、承継した財産の価額を限度として、当該債務の履行を請求することができる。ただし、吸収分割承継株式会社が吸収分割の効力が生じた時において残存債権者を害すべき事実を知らなかったときは、この限りでない。

⑤　前項の規定は、前条第8号に掲げる事項についての定めがある場合には、適用しない

⑥　吸収分割承継株式会社が第4項の規定により同項の債務を履行する責任を負う場合には、当該責任は、吸収分割会社が残存債権者を害することを知って吸収分割をしたことを知った時から2年以内に請求又は請求の予告をしない残存債権者に対しては、その期間を経過した時に消滅する。効力

発生日から20年を経過したときも、同様とする。

⑦　吸収分割会社について破産手続開始の決定、再生手続開始の決定又は更生手続開始の決定があったときは、残存債権者は、吸収分割承継株式会社に対して第4項の規定による請求をする権利を行使することができない。

⑧〜⑩（省略）

　本件新制度は、現行民法第424条の詐害行為取消権とほぼ同様の要件で、ほぼ同様の効果（価額賠償）を認めるものである（江頭憲治郎『株式会社法　第5版』904頁、有斐閣）。例えば、改正会社法の「債権者を害することを知って」の意義は現行民法第424条第1項本文の「債権者を害する」と同様に解釈されると考えられており、分割会社について法的倒産手続が開始された場合に権利行使することができない点でも本件新制度は詐害行為取消権（破産45①等）と同様である。

民法第424条（詐害行為取消権）

　債権者は、債務者が債権者を害することを知ってした法律行為の取消しを裁判所に請求することができる。ただし、その行為によって利益を受けた者又は転得者がその行為又は転得の時において債権者を害すべき事実を知らなかったときは、この限りでない。

2　前項の規定は、財産権を目的としない法律行為については、適用しない。

第425条（詐害行為の取消しの効果）

　前条の規定による取消しは、すべての債権者の利益のためにその効力を生ずる。

第426条（詐害行為取消権の期間の制限）

　第424条の規定による取消権は、債権者が取消しの原因を知った時から2年間行使しないときは、時効によって消滅する。行為の時から20年を経過したときも、同様とする。

　本件新制度と現行民法の詐害行為取消権の違いは、①本件新制度は裁判外でも

請求できるが詐害行為取消権は訴えによらなければならない点、②詐害行為取消権は、分割会社が法的倒産に移行した後に管財人が訴訟承継して従前の訴訟状態を利用できる点（破産45②等）、③詐害行為取消権を行使した場合には判決で会社分割が取り消されるのに対して、本件新制度は会社分割の効力には何ら影響しない点等である。

ただし上記③の点は、現行民法第424条の詐害行為取消権について相対的取消効しか認めない通説・判例の立場からすれば、詐害行為取消訴訟が認容されても、分割会社と設立（承継）会社との間では依然として会社分割は有効のままとなるので、この点もさしたる違いはない。会社分割について詐害行為取消権の行使を認めた最高裁平成24年10月12日判決（民集66巻10号3311頁）も「詐害行為取消権の行使によって新設分割を取り消したとしても、その取消しの効力は、新設分割による株式会社の設立の効力には何ら影響を及ぼすものではない」旨判示している。

5　債権届出、調査、確定手続

(1)　債権届出と認否書の提出

再生手続開始決定とともに、債権届出期間、債権調査期間が指定され（民事再生35①）、かつ、再生債務者に対しては債権認否書の提出期限が定められる（同法101⑤）。再生債権者は、各債権について、裁判所の定めた届出期間内に、裁判所に対し、以下の事項を届け出なければならない（同法94）。

① 債権の内容及び原因

② 約定劣後再生債権であるときはその旨

③ 議決権の額

④ その他最高裁判所規則で定める事項（民事再生規則31）

⑤ 別除権者は、別除権の目的である財産と予定不足額

再生債務者は、届け出られた債権の内容及び議決権につき、認めるか認めないかを記載した認否書を作成のうえ、定められた期限に裁判所に提出する（民事再

生101①、⑤）。

　債権届出はなされていないが、再生債務者が認識している再生債権については、いわゆる自認債権として、認否書が作成される（同条③）。

⑵　届出の追完

　一般調査期間開始後は、債権認否書が債権者の閲覧、謄写に供されるので債権調査の一般調査期間開始後の債権届出は、特別調査期間において調査される（民事再生103）。

　一般調査期間開始後に再生債権者の存在が判明することがあるが、再生計画案を決議に付する旨の決定がなされるまでに債権届出がなされれば、特別調査期間において調査の対象となる（同法95④）。

⑶　異議のある再生債権の確定手続

　届出債権につき、再生債務者が認めず、又は他の届出債権者から異議を述べられた場合は、再生債権者は、債権調査期間の末日から 1 か月以内に、再生債権の査定の申立てを行う（民事再生105）。裁判所は、決定手続で再生債権の存否及び内容を定める（同条④）。

　届出債権が執行力ある債務名義又は終局判決のあるものの場合には、異議者が、再生債務者がすることができる訴訟手続により、異議を主張する（民事再生109①）。債権査定手続、債権確定訴訟など、再生債権の内容を確定する手続において、再生債権者が異議等のある再生債権の内容及び原因について主張できるのは、再生債権者表に記載されている事項に限定される（同法108）。

6　財産評定

⑴　財産評定の意義及び機能

　再生債務者等は、再生手続開始後遅滞なく再生債務者に属する一切の財産につき再生手続開始時の価額を評定しなければならない（民事再生124①）。これは、再生手続開始時点における財産の状況を正確に把握して事業の再生の方針を検討する基礎とするためと解されている。

この財産評定の主要な機能は、次のとおりである。

第一に再生計画立案の前提資料としての機能である。再生債務者等が履行可能な再生計画案を作成するためには、再生債務者の財産状況を正確に把握して、共益債権、一般優先債権、及び再生債権に対する弁済計画を検討し、その計画を実現するために必要な事業計画や資金計画を検討し、その計画を実現するために必要な事業計画や資金計画を策定することが必要である。そこで、再生手続で改めて財産評定により財産状況を正確に把握することを求めているのであり、財産評定が正確、適正になされることは再生手続の根幹をなすものである。

第二に清算価値の把握のための資料としての機能である。後に提出される再生計画案が清算価値保証原則を満たさないときは不認可事由（同法174②四）となり、そもそも再生計画案の付議決定ができないこととなる（同法169①三）。

第三に財産評定は、このほかにも事業譲渡の代替許可（同法43①）、自己株式の取得等を定める事項の許可（同法166①、②、154③）、募集株式を引き受ける者の募集を定める条項の許可（同法166の2②、③、154④）の各要件である債務超過の状態にあるか否かを判断するための資料としての機能も有している。

(2)　財産評定の方法

財産評定は、原則として財産を処分するものとしてしなければならない（民事再生規則56①）。処分価格とは、市場で売却する際の正常な価格ではなく、再生債務者の事業を清算して早期に処分を行うことを前提とする価格をいう。これは、財産評定の機能として、再生計画案が清算価値保障原則を充足するか否かを判断するための資料としての機能があるからである。

ただし、例外として、必要がある場合には、処分価格の評定と併せて、全部又は一部の財産について、再生債務者の事業を継続するものとして評定することができる（同規則56①ただし書）。これは、再生債務者の事業の全部又は一部の譲渡を予定している場合に、その譲渡価格の適正を検討する際の参考とするため、処分価格に加えて継続企業価値による評定を認めたものである。

7　否認権

(1)　否認権の目的

　再生手続開始決定前においては、本来、債務者は、自由に債務を弁済することができ、また自らの財産を自由に処分することができる。しかしながら、このような原則を貫くと、再生手続開始決定がなされる直前に特定の債権者が債権の回収を行い、手続開始決定段階で再生できないおそれが生じる。

　よって、一定の要件の下、再生手続開始前に行われた行為の効力を否定して流出した財産を回復させ、債権者間の平等を実現するために否認権の制度が設けられている。否認権は、その権限を付与された監督委員又は管財人が行使する（民事再生135）。監督委員が否認権を行使する場合は、事前に裁判所から特定の行為について否認権を行使する権限の付与を受ける必要がある（同法56①）。

　否認権行使の相手方は、債務者から受けた金銭、物、債権等の権利を再生債務者に返還する。他方、相手方は再生債務者に対して反対給付を行っていた場合には、再生債務者はその返還義務を負い（同法132の２）、また、偏頗行為の否認の場合の相手方の債権は原状に復する（同法133）。

(2)　否認権の類型

　否認権には大きく分けて２つの類型がある。１つは詐害行為否認と呼ばれるもので、もう１つは偏頗行為否認と呼ばれるものである。

　詐害行為否認とは、債権者全体に対して責任財産を減少させる行為（詐害行為）を否認することをいい、偏頗行為否認とは、債権者間の平等を害するような行為（偏頗行為）を否認することをいう。

(3)　詐害行為否認

　ア　行為の時期を問わず、再生債権者を害することを再生債務者が知ってした行為を否認するもので、詐害性について相手方が知らなかったときは対象とならない（民事再生127①一）。

　イ　再生債務者が支払停止又は再生手続開始、破産手続開始若しくは特別清算開始の申立て（以下「支払停止等」という。）があった後にした、再生債権者

を害する行為を否認するもので、支払停止等の事実及び詐害性について相手方が知らなかったときは対象とならない（同条①二）。

ウ 再生債務者がした債務消滅に関する行為のうち、債権者が受けた給付の価額が消滅した債務の額よりも過大なときに、消滅した債務の額に相当する部分以外の部分を否認の対象とする（同条②）。債務額を超える財産による代物弁済が典型例である。

(4) 偏頗行為否認

ア 一般的な偏頗行為の否認

偏頗行為否認は、①再生債務者が支払不能になった後又は支払停止等があった後に、②既存債務について担保の供与又は債務の弁済を行った場合、③債権者が支払不能又は手続申立てを知っていたときに、否認の対象としている（民事再生127の3①一）。

イ 非義務偏頗行為

偏頗行為のうち、①再生債務者に義務がないもの又は義務がない時期のもので、②支払不能となる前30日以内に行われた行為については、③債権者が他の債権者を害する事実を知らなかった場合を除き、否認の対象となる（同項二）。

(5) その他の否認

ア 対抗要件の否認

対抗要件の具備についても否認の対象となる（民事再生129）。

権利変動の根拠となる原因行為を行っていながら、対抗要件は具備せず、破産者が支払不能になった段階で急に対抗要件を具備するケースがある。しかしながら、このような行為を許せば、対抗要件が公示されていないことにより対象財産が責任財産から逸出していないと信じた債権者の信頼を害することになる。

よって、①破産者の支払停止等の後、②権利変動の日から15日を経過して対抗要件具備行為が行われた場合、③受益者が支払停止等の事実を知っていたときには、否認の対象となる。

イ　執行行為の否認

　詐害行為や偏頗行為は、破産債権者が債務名義に基づいて行った執行行為により実現された場合でも他の債権者が弁済を受けられなくなるというデメリットに違いないことから、執行行為がこれまでに述べた各否認類型の要件に該当する場合には、執行行為も否認の対象となる（同法130）。

8　再生計画

(1)　再生計画案の提出

　再生計画とは、再生債権者の権利の全部又は一部を変更する条項その他の条項を定めるものであり（民事再生154）、再生債務者はこの再生計画により再生債権の免除や弁済猶予を受けて再建を図る。申立てから3か月までに再生債務者は再生計画案を裁判所に提出する。

　再生計画案には以下の内容が記載される（同法154 ～ 162）。

　　ア　再生債権者の全部又は一部の権利の変更（いわゆる弁済条件）

　　イ　共益債権、一般優先債権の弁済（再生手続によらず随時弁済される。）

　　ウ　別除権の権利に関する事項

　　エ　資本の減少に関する事項

(2)　再生計画案の決議

　再生計画案が提出されると、裁判所は、再生計画案を債権者集会における決議・書面による決議に付される（民事再生169）。書面による決議は、再生計画案に賛成するかどうかを裁判所の定める期間内に書面で回答してもらうという決議方法であり、多くは債権者集会を開催するとともに、投票用紙を債権者に送付し、債権者にいずれの方法によるかを選択させる両者の併用型である。

　再生計画案が可決されるためには、議決権者（議決者集会に出席し、又は書面投票したもの）の過半数が同意し、かつ、議決権者の議決権の総額の2分の1以上の議決権を有する者が同意することが必要である（同法172）。

9 再生計画案の決議

再生計画案が決議において再生債権者の法定多数の賛成を得て可決されると、裁判所は、計画の内容に違法な点がないかなどを調べて、不認可事由（民事再生174②）がない限り、再生計画の認可決定をする（同条①）。

再生計画の認可決定が確定すると、届出・調査・確定の手続を経て再生計画に定められた再生債権については、その定めのとおりに、減免・期限の猶予等の権利変更の効力が生じる。株主の権利に関しては、再生債務者が債務超過の場合は、既存の株式を無償で再生債務者が取得して、自己株式化したうえで消却をする場合がある。

また、認否書の記載されなかった債権を有する再生債権者は原則として失権する。

10 再生計画の認可後

再生計画が認可されると、再生債務者は再生計画に基づいて債務の弁済を開始する。弁済が完了した場合、又は、監督委員が選任されている場合で認可決定が確定してから3年を経過したときには、裁判所が民事再生手続終結の決定をし、再生債務者は裁判所の監督から離れる。

11 会社更生手続との違い

会社更生手続と民事再生手続との主要な相違点は次のとおりである。

(1) 適用対象

会社更生手続は株式会社のみに適用され、かつ債権者の権利が強く制約されることから実務上は比較的大規模な企業に適用される。民事再生手続はすべての法人そして自然人に適用される。

(2) 再生手続

民事再生手続はDIP型の再建手続である。

会社更生手続では開始申立てと同時に保全管理人に経営権が移行するため（会

社更生32①)、原則として旧経営陣は更迭される。しかし民事再生手続では、再生手続開始決定後も再生債務者は原則としてその業務を遂行し、財産の管理権及び処分権を有し（民事再生38①)、これは DIP 型の再建手続といわれている。

⑶　申立権者

　会社更生手続は債務者である株式会社のほか、債権者（株式会社の資本金の額の10分の1以上の債権を有する場合）及び株主（総株主の議決権の10分の1以上を有する場合）が、申立てをすることができる（会社更生17②)。民事再生手続は債務者と債権者が申立てをすることができる（民事再生21)。

⑷　担保権

　会社更生手続では、担保権は更生計画以外の方法では権利を行使することはできないが（会社更生47①)、民事再生手続では別除権として再生手続によらないで権利を行使することができる（民事再生53①)。

⑸　公租公課

　更生手続開始前における公租公課は原則として更生債権として取り扱われ（会社更生2⑧)、公租公課といえどもその弁済は更生計画によることになる。民事再生手続では、公租公課は一般優先債権として再生手続によらず随時弁済されることになる（徴収8、民事再生122①、②)。

⑹　100％減資

　会社更生手続では更生計画により、ほぼ例外なく100％減資（同時に第三者割当増資）が行われ、旧株主は全ての権利を失う。民事再生手続では100％減資が行われることは例外的である。

　その理由として、民事再生手続の対象にはオーナー型の中小企業も多く、この場合、所有と経営が一致しており、DIP 型の再建手続によりオーナーが引き続き経営をしていくため経営者が株主としての地位を維持していた方が、内外的にスムーズに経営が進行することが挙げられる。

第2節　個人再生手続

1　特　徴

(1)　民事再生法の特則

　「小規模個人再生」と「給与所得者等再生」は通常の民事再生の特則であり、「給与所得者等再生」は「小規模個人再生」のさらに特則の関係に立つ。そして、「住宅資金貸付債権に関する特則」は、すべての民事再生手続に併せて適用される関係に立つ。

(2)　再生計画の内容

　ア　小規模個人再生

　住宅ローンを除く債務額が3,000万円を超え、5,000万円以下の場合は、債務額の10分の1以上、債務額が3,000万円以下の場合は債務額の5分の1又は100万円のどちらか多い額（上限は300万円）を3年間（最長5年間）で弁済するのが原則（民事再生229②二、231②三、四）。また、3か月に1回以上の弁済タームが要求される（同法229②一）。

　イ　給与所得者等再生

　再生計画案提出前2年間分の可処分所得（収入の合計額から租税及び社会保険料等を控除した手取り収入から最低生活費を控除した額）を3年間（最長5年間）で弁済するのが原則（民事再生241②七ハ、244、229②二）。

　ウ　住宅資金貸付債権に関する特則

　元利金、損害金は全額返済する内容で、ただ弁済期間を延長してリスケジューリングすることに眼目がおかれる。延長期間は最長10年で、かつ70歳までである（同法199②二、③一）。

2　申立て、保全処分

　小規模個人再生、給与所得者等再生においては、申立てと同時にそれぞれの特

則の適用を求める旨の申述が必要となる（民事再生221②、239②）。

　また、小規模個人再生、給与所得者等再生手続において住宅資金貸付債権に関する特別条項を定めた再生計画案を提出しようとする場合には、債権者一覧表にその旨を記載しなければならない（同法221③四、244）。

　保全処分は、通常の民事再生と同様である。

3　監督機関等

　通常、個人再生委員の選任がなされ、債務者の財産、収入の状態を調査し、再生債務者が適正な再生計画案を作成するために必要な勧告をする（民事再生223）。

4　再生計画案の決議

(1)　小規模個人再生

　債権者集会の制度がなく、書面による決議のみである（民事再生230③）。

　決議の方式としては、通常の民事再生手続のように議決権者に積極的同意を求める方式ではなく（同法172、172の3）、計画案に同意しない議決権者に書面で回答を求める方式（同法230④）による。そして、不同意の回答者が、議決権者総数の半数に満たず、かつ、議決権の額が、議決権者の議決権総額の2分の1を超えない場合に可決があったものとみなされる（同条⑥）。

(2)　給与所得等再生

　債権者の決議は要件となっておらず、再生計画案について不認可事由（民事再生241②）の有無につき、届出再生債権者から意見を聴く手続がなされる（同法240）。

(3)　住宅資金特別条項を定めた場合

　住宅ローン債権にも一般の再生債権と同様の議決権を与えるとすれば、住宅ローンは個人にとって往々にして多額に及ぶことから、住宅ローン債権者の意向により再生計画がすべて左右されかねない。一方では、住宅ローン債権は特別条項を定めることができる場合（民事再生198）や、特別条項による権利変更の内容

が厳格に規定されており（同法199）、全額弁済が受けられる等、債権者の利益保護が図られている。

　したがって、住宅ローン債権者は、住宅資金特別条項を定めた再生計画案については議決権を有しないこととされ（同法201①）、意見聴取が規定されている（同条②）。

5　再生計画認可

(1)　小規模個人再生

　再生計画案が可決された場合には、不認可事由（民事再生174②、231②）がない限り、裁判所は認可決定を出す（同法231①）。

(2)　給与所得等再生

　不認可事由（民事再生241②）の有無につき、届出再生債権者の意見聴取の回答がなされる期間を経過したときは、不認可事由がある場合を除き、裁判所は認可決定を出す（同条①）。

(3)　住宅資金特別条項を定めた場合

　住宅資金特別条項を定めた再生計画案が可決された場合には、不認可事由（民事再生202②）がない限り、裁判所は認可決定を出す（同条①）。

　通常の民事再生手続は「再生計画が遂行される見込み」について、見込がない場合に限って不認可の決定を出すとされ、裁判所の判断は不介入的であるが（民事再生174②二）、住宅資金特別条項が定められた場合には、再生計画が遂行不可能であると裁判所が積極的に認定できない限り、不認可の決定が出されない点で（同法202②二）、住宅ローン債権者の保護に厚くなっている。

(4)　再生計画認可決定の効力

　小規模個人再生及び給与所得者等再生手続においては、再生計画認可の決定の確定により当然手続が終了する（民事再生233、244）。したがって、裁判所が履行の監督をする手段は用意されていないことになる。

　そして、無異議債権か評価済債権か否かにかかわらず、すべての再生債権が権

判断更される（同旨#232②、③、156）。

第3節　再生会社の税務

　法人税法は、資産の評価替えによる評価損益の計上を原則的には認めていない
が（法人25①、33①）、例外として、①民事再生手続の開始決定があったことにより再生会社が資産の評価換えを行い、損金経理をしてその帳簿価額を減額したときは、その評価損として損金の額に算入することが認められる（同法33②、法人令68①、法基通9－1－3の3）。②民事再生法による再生計画認可の決定があったことにより、再生会社が資産の評価換えを行い、帳簿価額の増額、減額をしたときはその評価損益について（法人25③、33④、法人令24の2、68の2）、評価換えをした日の属する事業年度の損金、益金に算入することが認められる。

　民事再生法の規定による開始決定日時点の財産評定額は、会社更生法の場合と異なり会計上の帳簿価額とは基本的に連動しない。実務的には、民事再生法の財産評定とは別の、法人税法上の評価損益を益金又は損金に算入するために行う再生計画認可決定日時点の資産評定価額を会計上の帳簿価額に連動させることになる。

　民事再生手続の場合、欠損金の取扱いは会社更生手続の場合と異なり、期限切れ欠損金の控除順位が二通りに分かれる。資産評価損益を計上した場合に期限切れ欠損金が青色欠損金等に優先して債務免除益等から控除され、これは会社更生手続の場合と同じ取扱いである。しかし、資産評価損益が計上されない場合には、青色欠損金等が適用年度の所得から優先的に控除され、期限切れ欠損金は残余所得のうち債務免除益及び私財提供益の金額を限度として控除する（法人59②）。

1　再生手続開始の決定があった場合の資産の評価損の計上

　民事再生法では、再生手続開始後、遅滞なく再生債務者に属する一切の財産について再生手続開始の時における価額を評定し、この評定額による貸借対照表等を作成し、裁判所に提出することとされている（民事再生124）。この場合の価額

は、原則、処分価額として時価とされている（民事再生規則56）。

　法人税法では、資産の評価換えによる損失について原則として損金の額に算入することを認められていないが、民事再生手続開始の決定があった場合には、法人がその資産の評価換えをして損金経理により帳簿価額を減額したときは、その減額した金額のうち、帳簿価額とその評価換えをした日の属する事業年度終了の時におけるその資産の価額（時価）との差額に達するまでの金額について評価損として損金の額に算入することが認められている（法人33②、法人令68①、法基通9－1－3の3）。

　ただし、具体的計上額については、民事再生法の規定による財産評定が、再生手続開始の決定時における処分価値により行われるものであるため、この規定を適用する場合には、事業年度終了時の法人税法上の時価に修正する必要がある。

　また、再生手続開始の決定があった日の属する事業年度終了の日までの間に再生計画認可の決定があった場合において、その事業年度につき、再生計画認可の決定があった場合における資産の評価益の益金算入、又は評価損の損金算入の規定（法人25③、33④）の適用を受けるときは、その資産については、この再生手続開始の決定を事由とする評価損の計上の適用はない（法人令68②）。

2　財産評定と資産の評価損益の計上

(1)　民事再生法の評定額と法人税法

　民事再生法の財産評定額が開始決定日時点の処分価値（＝清算価値）であるのに対して、法人税法は再生計画認可決定日時点の価額（＝時価）で算定した資産評価損益を益金又は損益に算入するものとしている（法人25③、33③）。

　また、この場合の法人税法上の時価は、当該資産が使用収益されるものとしてその時において譲渡される場合に通常付される価額（法基通9－1－3）とされており、民事再生法の財産評定額は法人税法上の評価損益の算定基準にはならない。その結果、対象財産の使用収益価額と処分価額とが異なる場合、財産評定による価額をそのまま時価として、帳簿価格との差額を評価損計上額とすることは

できない。

⑵　法人税法の実務的対応

　民事再生法の財産評定額は、計上の帳簿価額にも、法人税法上の評価損益の算定基準にもなり得ないことから、その評定額は債権者への情報開示のために独立して存在する評定額ということができる。一方で、再生債務者は課税所得の計算上、多額の債務免除益等を相殺する必要性があることから、法人税法の規定に従って、再生計画認可決定日時点の時価で資産評価損を計上する。

　平成17年度改正法人税法では、会計上評価損益の処理を行わない場合には、申告調整により評価損益を税務上認識し、その会計との評価差額は申告書別表五（一）で繰り越されていくことになる。

　したがって、法人税法上認識される評価損益のうち、会社法で許容される評価損益に該当する以外の評価損益は会計上受け入れることをせず、申告調整のみで対応することになると思われる。

3　再生計画認可決定があった場合の資産の評価損益

⑴　資産の評価益の益金算入

　民事再生法の規定による再生計画認可の決定があった場合において、その法人が有する資産の価額につき再生計画認可の決定があったときの価額による評定を行っているときは、その資産の評価益の額としてその時の価額が再生計画認可の決定があったときの直前の帳簿価額を超える部分の金額は、再生計画認可の決定があった日の属する事業年度の所得に金額の計算上、益金の額に算入することができる（法人25③）。

　再生手続における評価益の計上は、法人税申告書別表において申告調整を行う方式がとられる。すなわち、評価益を計上するための要件として、確定申告書に評価損益明細（法人規別表十四（一）「民事再生等評価換えによる資産評価損益に関する明細書」参照）の記載があり、かつ、評価益関係書類の添付が求められる（法人25⑤、法人規8の6④）。

　民事再生において資産の評価益を計上するメリットは、①債務免除益に対して期限切れ欠損金を青色欠損金ないし災害損失欠損金に優先して損金算入できるようになること（法人59②）、②再生会社が資産の譲渡を希望しているが、従来ならば譲渡益の発生が見込まれるケースにおいて、評価益を計上することで譲渡益の発生を回避することが可能になること等である。

⑵　資産の評価損の計上

　民事再生法の規定による再生計画認可の決定があった場合において、その法人が有する資産の価額につき再生計画認可の決定があったときの価額による評定を行っているときは、その資産の評価損の額としてその時の価額が再生計画認可の決定があったときの直前の帳簿価額を超える部分の金額は、再生計画認可の決定があった日の属する事業年度の所得に金額の計算上、損金の額に算入することができる（法人25③）。

　そして、平成17年度税制改正により、評価益と同様、確定申告書に評価損益明細（法人規別表十四（一）「民事再生等評価換えによる資産評価損益に関する明細書」参照）の記載があり、かつ、評価損関係書類の添付する方法による評価損を法人税の計算上損金の額に算入することが認められた（法人33④、⑥、法人令68の2、法人規22の2）。

　これによって、資産の評価損の計上方法として、①法人税法第33条第2項の損金経理により資産の評価損のみを計上する方法、②申告調整により資産の評価益と評価損を併せて計上する方法の2通りの方法が認められることになった。

　評価損計上額について、法人税基本通達9−1−3は、「資産の評価換えによる評価損の損金算入」の規定を適用する場合の資産の時価を「当該資産が使用収益されるものとしてその時において譲渡される場合に通常付される価額」つまり使用収益価額とし、「資産評定による評価額の損金算入」の場合も同様であるとしている。

　民事再生手続の財産評定による価額は処分価額を前提とするから（民事再生規則56①）、対象財産の使用収益価額と処分価額とが異なる場合、財産評定による

価額をそのまま時価として、帳簿価格との差額を評価損計上額とすることはできない。

(3) 評価損の計上方法による取扱いの差異

ア 債務免除益等に対する繰越欠損金の損金算入の順序

「資産の評価換えによる評価損の損金算入」と「資産評定による評価損の損金算入」の最大の差異は、債務免除益や役員、株主等による私財提供益等に対して繰越欠損金を損金算入して課税所得を圧縮する際の欠損金の算入順序である。「資産の評価換えによる評価損の損金算入」による場合（評価損のみを計上する場合）は、平成17年度税制改正前と変わらず、債務免除益に対して青色欠損金ないし災害損失欠損金を期限切れ欠損金に優先して損金算入しなければならないことから、青色欠損金を再生初年度で使い切ってしまい、以後の年度で課税されて、再建の足かせになる可能性が出てくる。

これに対して、「資産評定による評価損の損金算入」による場合（評価損、評価益の双方を計上する場合）、期限切れ欠損金を青色欠損金ないし災害損失欠損金に優先して損金算入することができる（法人59②、④、法人令117の２）。

イ 対象資産

「資産評定による評価損の損金算入」によった場合、以下の資産について、評価損益の算入をしないことになっている（法人25③かっこ書、33④かっこ書、法人令24の２④、68の２③）。

① 再生計画認可の決定があつた日の属する事業年度開始の日前５年以内に開始した各事業年度又は各連結事業年度（以下①において「前５年内事業年度等」という。）において圧縮記帳の適用を受けた減価償却資産（当該減価償却資産が適格合併、適格分割、適格現物出資又は適格現物分配により被合併法人、分割法人、現物出資法人又は現物分配法人（以下「被合併法人等」という。）から移転を受けたものである場合には、当該被合併法人等の当該前５年内事業年度等において法人税法施行令第24条の２第４項１号に掲げる規定の適用を受けたものを含む。）

②　短期売買商品等

③　売買目的有価証券

④　償還有価証券

⑤　評価損益金額に重要性のない資産

ウ　手続選択の基準

　平成17年度税制改正で認められた「資産評定による評価損の損金算入」による場合、期限切れ欠損金を青色欠損金ないし災害損失欠損金に優先して債務免除益に損金算入でき、また、資産の譲渡を予定している場合には、資産評価益を計上することが当該資産の譲渡益課税を回避できるというメリットがある。

　しかし、評価損を計上できる資産の範囲は「資産の評価換えによる評価損の損金算入」の方が広い。

⑷　評価損益の計上時期

　「資産の評価換えによる評価損の損金算入」による場合は、再生手続開始決定があった日の属する事業年度となる（法人令68、法基通9－1－3の3）。一方、「資産評定による評価損の損金算入」による場合は、再生計画認可決定があった日の属する事業年度となる（法人25③、33④、法人令24の2①、68の2①）。

▶民事再生等評価換えの取扱い

	評価損が計上できる事実	関係法令	損金算入限度額	評価損の反映方法
評価損	民事再生手続の開始決定があったことにより、再生会社が資産の評価換えを行い、損金経理をしてその帳簿価額を減額したとき	法人33②、法人令68、法基通9－1－5、9－1－7、9－1－16	評価換えをした日の属する事業年度終了の時	損金経理による帳簿価額の減額
	再生計画認可の決定があったことにより、再生会社が資産評定を行ったとき	法人33④、法人令68の2②	再生計画認可の時の価額が直前の帳簿価額を超える部分の金額	別表調整 評価損益明細（別表14(二)）を記載

	評価損が計上できる事実	関係法令	益金算入限度額	評価損の反映方法
評価益	再生計画認可の決定があったことにより、再生会社が資産評定を行ったとき	法人25③、法人令24の2⑤	再生計画認可の時の価額が直前の帳簿価額を超える部分の金額	別表調整 評価損益明細（別表14（二））を記載

▶損金算入限度額

ア　民事再生手続開始の申立てが行われたとき

繰入限度　＝　回収不能見込額　×　50％

回収不能見込額　＝　債務者に対して有する金銭債権　－　実質的に債権と認められない金額（法基通11－2－9）　－　担保権の実行による回収可能見込額

イ　再生計画認可の決定等が行われたとき

繰入限度　＝　繰入対象債権　×　100％

繰入対象債権額　＝　| 再生計画認可の決定により弁済されることになった金銭債権の全額 | － | 再生計画の認可決定日が属する事業年度終了日の翌日から5年内に弁済予定の金額 | － | 担保権の実行による回収可能見込額 |

4　債務免除益及び私財提供益と繰越欠損金

(1)　繰越欠損金の原則的取扱い

欠損金額とは、各事業年度の所得の計算上、損金の額が益金の額を超える場合の超過額のことである（法人2十九）。

青色申告法人については、当該事業年度の前7年以内に生じた繰越欠損金額（これを「青色欠損金」という。）は、最も古い事業年度において生じた欠損金額に相当する金額から順次当該事業年度の所得の計算上損金に算入できる（同法57、法基通12－1－1）。

一方、白色申告法人の場合は、前7年以内に棚卸資産、固定資産又は政令で定める繰延資産について災害により生じた損失（これを「災害損失欠損金」という。）に係る欠損金額に限って損金算入が認められる（法人58）。

これに対して、発生年度終了後7年を経過してしまった欠損金（以下「期限切れ欠損金」という。）については、原則として損金算入は認められない。

(2)　債務免除益、私財提供益に関する期限切れ欠損金の損金算入の特例

会社更生や民事再生手続において、債権者から債務免除を受けた場合には債務免除益が発生し、取締役や株主等から私財提供を受けた場合にはその分の益金（私財提供益）が発生する（法人22②）。そうすると、それに見合う限度で損金や青色欠損金等がないときは、譲渡所得が生じ、再建に影響が出るおそれがある。

そのため、当然に損金算入が認められる青色欠損金、災害損失欠損金のほかに、

特例として、期限切れ欠損金を損金算入して債務免除益、私財提供益と相殺し、課税所得を圧縮することが認められる。これにより、債務免除益、私財提供益を圧縮することができ、その実益は大きい。

　さらに、平成18年度税制改正により、デットエクイティスワップ（DES）による債務消滅益も、期限切れ欠損金を利用できる場合に含まれることになった（同法59②一、法基通12－3－6(3)）。

(3)　青色欠損金、災害損失欠損金と期限切れ欠損金の損金算入の順序

　平成17年度税制改正により、「資産評定による評価損の損金算入」を行うことを要件として、期限切れ欠損金を青色欠損金に優先して損金算入できることになった（法人59②、④、法人令117の2）。

　これにより、債務免除後も、青色繰越欠損金、災害損失欠損金が残る可能性が高くなり再生計画認可決定後の事業年度の法人税課税をなくすことが可能となるので、再生計画が立てやすくなり再建も容易になる。

　もっとも、「資産評定による評価損の損金算入」をとることが要件となる以上、資産の評価益も併せて計上することが必要となる。しかし、結果として資産につき評価益を計上すべきものがないことから評価損のみが計上される場合においても期限切れ欠損金の優先適用は可能と考えられている。ただし、評価益も評価損もない場合には、期限切れ欠損金の優先適用はできない。

　なお、「資産の評価換えによる評価損の損金算入」をとった場合、すなわち、資産の評価損のみを申告調整ではなく損金経理の形で計上した場合は、青色欠損金、災害損失欠損金を期限切れ欠損金に優先して損金算入しなければならない（法人59②、法人令117の2）。

　以上から、債務免除益、私財提供益に対する損金算入の順番を資産の評価損益を含めてまとめると、次のとおりとなる。

　ア　資産評定による評価損の損金算入の場合

　　①　資産の評価損益

　　②　期限切れ欠損金

　③　青色欠損金・災害損失欠損金

イ　資産の評価換えによる評価損の損金算入の場合

　①　資産の評価損

　②　青色欠損金・災害損失欠損金

　③　期限切れ欠損金

▶民事再生の場合で資産評定に基づく評価損益を計上する場合の損金算入の適用手続

所得の金額の計算に関する明細書（簡易様式）　事業年度 X4・4・1／X5・3・31　法人名　　　別表四（簡易様式）平三十一・四・一以後終了事業年度分

区分		総額 ①	処分 留保 ②	処分 社外流出 ③	
当期利益又は当期欠損の額	1	45,000,000 円	円	配当	円
				その他	
損金経理をした法人税及び地方法人税（附帯税を除く。）	2				
損金経理をした道府県民税及び市町村民税	3				
損金経理をした納税充当金	4				
損金経理をした附帯税（利子税を除く。）、加算金、延滞金（延納分を除く。）及び過怠税	5			その他	
減価償却の償却超過額	6				
役員給与の損金不算入額	7			その他	
交際費等の損金不算入額	8			その他	
土地評価益	9	4,000,000			
	10				
小　計	11	4,000,000			
減価償却超過額の当期認容額	12				
納税充当金から支出した事業税等の金額	13				
受取配当等の益金不算入額（別表八(一)「13」又は「26」）	14			※	
外国子会社から受ける剰余金の配当等の益金不算入額（別表八(二)「26」）	15			※	
受贈益の益金不算入額	16			※	
適格現物分配に係る益金不算入額	17			※	
法人税等の中間納付額及び過誤納に係る還付金額	18				
所得税額等及び欠損金の繰戻しによる還付金額等	19			※	
棚卸資産評価損	20	1,500,000			
小　計	21	1,500,000		外※	
仮　計　(1)+(11)-(21)	22	47,500,000		外※	
関連者等に係る支払利子等の損金不算入額（別表十七(二の二)「24」又は「29」）	23	△		その他	
超過利子額の損金算入額（別表十七(二の三)「10」）	24	△		※	△
仮　計　(22)から(24)までの計	25			外※	
寄附金の損金不算入額（別表十四(二)「24」又は「40」）	27			その他	
法人税額から控除される所得税額（別表六(一)「6の③」）	29			その他	
税額控除の対象となる外国法人税の額（別表六(二の二)「7」）	30			その他	
組合等損失額又は組合等損失超過合計額の損金不算入額（別表九(二)「10」）又は組合等損失超過合計額の損金算入額（別表九(二)「5」）	31			その他	
合　計　(25)+(27)+(29)+(30)+(31)	34	47,500,000		外※	
契約者配当の益金算入額（別表九(一)「13」）	35				
中間申告における繰戻しによる還付に係る災害損失欠損金額の益金算入額	37			※	
非適格合併又は残余財産の全部分配等による移転資産等の譲渡利益額又は譲渡損失額	38			※	
差　引　計　(34)+(35)+(37)+(38)	39	47,500,000		外※	
欠損金等又は災害損失金等の当期控除額（別表七(一)「4の計」+（別表七(二)「9」若しくは「21」又は別表七(三)「10」）	40	△ { 9,500,000 / 38,000,000		※	△
総　計　(39)+(40)	41	47,500,000		外※	
新鉱床探鉱費又は海外新鉱床探鉱費の特別控除額（別表十(三)「43」）	42	△		※	△
残余財産の確定の日の属する事業年度に係る事業税の損金算入額	46	△	△		
所得金額又は欠損金額	47			外※	

⑤　欠損金又は災害損失金の損金算入等に関する明細書

| 事業年度 | X4・4・1 ～ X5・3・31 | 法人名 | |

| 控除前所得金額 (別表四「39の①」)-(別表七(二)「9」又は「21」) | 1 | 円 | 所得金額控除限度額 (1) × 50又は100/100 | 2 | 円 |

事業年度	区分	控除未済欠損金額 3	当期控除額 (当該事業年度の(3)と((2)-当該事業年度前の(4)の合計額))のうち少ない金額 4	翌期繰越額 ((3)-(4))又は(別表七(三)「15」) 5
・　・ ・　・	青色欠損・連結みなし欠損・災害損失	円	円	
・　・ ・　・	青色欠損・連結みなし欠損・災害損失			円
・　・ ・　・	青色欠損・連結みなし欠損・災害損失			
・　・ ・　・	青色欠損・連結みなし欠損・災害損失			
・　・ ・　・	青色欠損・連結みなし欠損・災害損失			
・　・ ・　・	青色欠損・連結みなし欠損・災害損失			
・　・ ・　・	青色欠損・連結みなし欠損・災害損失			
X1・4・1 X2・3・31	青色欠損・連結みなし欠損・災害損失	9,000,000	9,000,000	0
X2・4・1 X3・3・31	青色欠損・連結みなし欠損・災害損失	13,000,000	500,000	12,500,000
X3・4・1 X4・3・31	青色欠損・連結みなし欠損・災害損失	8,000,000	0	8,000,000
	計	30,000,000	9,500,000	20,500,000

当期分	欠損金額 (別表四「47の①」)		欠損金の繰戻し額	
	同上のうち	災害損失金		
		青色欠損金		
	合計			

災害により生じた損失の額の計算

災害の種類		災害のやんだ日又はやむを得ない事情のやんだ日	・　・
災害を受けた資産の別	棚卸資産 ①	固定資産 (固定資産に準ずる繰延資産を含む。) ②	計 ①+② ③

当期の欠損金額 (別表四「47の①」)	6			円
災害により生じた損失の額	資産の滅失等により生じた損失の額	7	円	円	
	被害資産の原状回復のための費用等に係る損失の額	8			
	被害の拡大又は発生の防止のための費用に係る損失の額	9			
	計 (7)+(8)+(9)	10			
保険金又は損害賠償金等の額	11			
差引災害により生じた損失の額 (10)-(11)	12			
同上のうち所得税額の還付又は欠損金の繰戻しの対象となる災害損失金額	13			
中間申告における災害損失欠損金の繰戻し額	14			
繰戻しの対象となる災害損失欠損金額 ((6の③)と((13の③)-(14の③))のうち少ない金額)	15			
繰越控除の対象となる損失の額 ((6の③)と((12の③)-(14の③))のうち少ない金額)	16			

⑤ 更生欠損金の損金算入及び民事再生等評価換えが行われる場合の再生等欠損金の損金算入に関する明細書

事 業年 度	X4・4・1 X5・3・31	法人名	

更 生 欠 損 金 の 損 金 算 入 に 関 す る 明 細

			円				円
債務免除等による利益の内訳	債 務 の 免 除 を 受 け た 金 額	1		適用年度終了の時における前期以前の事業年度又は連結事業年度から繰り越された欠損金額及び個別欠損金額	8		
	私財提供を受けた金銭の額	2		当 期 控 除 額 ((7)と(8)のうち少ない金額)	9		
	私 財 提 供 を 受 け た 金 銭 以 外 の 資 産 の 価 額	3		欠 損 金 額 (25の計)	10		
	資 産 の 評 価 益 の 総 額	4		差 引 欠 損 金 額 (8)-(10)	11		
	資 産 の 評 価 損 の 総 額	5		欠損金額からないものとする金額 (9)-(11) (マイナスの場合は0)	12		
	純 評 価 益 の 額 (4)-(5) (マイナスの場合は0)	6					
	計 (1)+(2)+(3)+(6)	7					

民 事 再 生 等 評 価 換 え が 行 わ れ る 場 合 の 再 生 等 欠 損 金 の 損 金 算 入 に 関 す る 明 細

			円				円
債務免除等による利益の内訳	債 務 の 免 除 を 受 け た 金 額	13	50,000,000	適用年度終了の時における前期以前の事業年度又は連結事業年度から繰り越された欠損金額及び個別欠損金額	19	68,000,000	
	私財提供を受けた金銭の額	14		所 得 金 額 差 引 計 (別表四「39の①」)	20	30,000,000	
	私 財 提 供 を 受 け た 金 銭 以 外 の 資 産 の 価 額	15		当 期 控 除 額 ((18)、(19)と(20)のうち少ない金額)	21	38,000,000	
	資 産 の 評 価 益 の 総 額 (別表十四(一)「13」)	16	4,000,000	欠 損 金 額 (25の計)	22	47,500,000	
	資 産 の 評 価 損 の 総 額 (別表十四(一)「24」)	17	1,500,000	差 引 欠 損 金 額 (19)-(22)	23	38,000,000	
	計 (13)+(14)+(15)+(16)-(17)	18	52,500,000	欠損金額からないものとする金額 (21)-(23) (マイナスの場合は0)	24	0	

控 除 未 済 欠 損 金 額 の 調 整

発生事業年度	調整前の控除未済欠損金額	欠損金額からないものとする金額 当該発生事業年度の(25)と(((12)又は(24))-当該発生事業年度前の(26)の合計額)のうち少ない金額	差引控除未済欠損金額 (25)-(26)
	25	26	27
	円	円	円
・ ・			
・ ・			
・ ・			
・ ・			
・ ・			
・ ・			
・ ・			
・ ・			
・ ・			
・ ・			
・ ・			
・ ・			
計			

別表七（二）の記載の仕方

1　この明細書は、法人が法第59条第１項又は第２項《会社更生等による債務免除等があった場合の欠損金の損金算入》（東日本大震災の被災者等に係る国税関係法律の臨時特例に関する法律第17条第１項《被災法人について債務免除等がある場合の評価損益等の特例》の規定により読み替えて適用する場合を含み、法第59条第２項第３号に掲げる場合に該当する場合に限ります。）の規定の適用を受ける場合（平成31年改正前の措置法第67条の５の２第１項《中小企業者の事業再生に伴い特定の組合財産に係る債務免除等がある場合の評価損益等の特例》の規定の適用を受ける場合を含みます。）に記載します。

2　「適用年度終了の時における前期以前の事業年度又は連結事業年度から繰り越された欠損金額及び個別欠損金額８」又は「適用年度終了の時における前期以前の事業年度又は連結事業年度から繰り越された欠損金額及び個別欠損金額19」の各欄には、当期の別表五(一)の「期首現在利益積立金額①」の「差引合計額31」に記載されるべき金額がマイナス（△）である場合のその金額を記載します。

　　ただし、その金額が、別表七(一)の「３の計」に記載されるべき金額に満たない場合には、その記載されるべき金額を記載します。

3　「調整前の控除未済欠損金額25」は、次によります。

(1)　当該事業年度が法第57条第２項若しくは第４項《青色申告書を提出した事業年度の欠損金の繰越し》又は第58条第２項《青色申告書を提出しなかった事業年度の災害による損失金の繰越し》の規定の適用を受ける事業年度である場合には、別表七(一)付表一「3」の金額を記載します。

(2)　当該事業年度が法第57条第６項に規定する承認の取消し等の場合の最終の連結事業年度終了の日の翌日の属する事業年度である場合（(1)に該当する場合を除きます。）には、同項の規定により当該法人の欠損金額とみなされる法第81条の９第６項《連結欠損金の繰越し》に規定する連結欠損金個別帰属額を記載します。

(3)　当該事業年度前の各事業年度において生じた欠損金額（欠損金額とみなされたものを含みます。）のうち、法第57条第９項又は第58条第４項の規定によりないものとされる欠損金額及び当該法人が法第57条の２第１項《特定株主等によって支配された欠損等法人の欠損金の繰越しの不適用》に規定する欠損等法人である場合における同項に規定する適用事業年度前の各事業年度において生じた同項に規定する欠損金額は、記載しません。

民事再生等評価換えによる資産の評価損益に関する明細書

| 事業年度
又は連結
事業年度 | X4・4・1
X5・3・31 | 法人名 | (|) |

別表十四(一) 平三十一・四・一以後終了事業年度又は連結事業年度分

| 評定等を行うこととなった原因となる事実の種類 | 1 | | (1)の事実が生じた日 | 2 | ・ ・ |

評 価 益 の 額 及 び 評 価 損 の 額 の 明 細

評 価 益 の 計 上 さ れ る 資 産			評 価 損 の 計 上 さ れ る 資 産		
科　　目 区　分　等	評定額等 ①	帳簿価額 ②	科　　目 区　分　等	評定額等 ①	帳簿価額 ②
土地 ○○市　　　3	円 12,000,000	円 8,000,000	商品　　　　14	円 8,500,000	円 10,000,000
4			15		
5			16		
6			17		
7			18		
8			19		
9			20		
10			21		
11			22		
計　　　12	12,000,000	8,000,000	計　　　23	8,500,000	10,000,000
評価益の総額 (12の①)-(12の②)　13	4,000,000		評価損の総額 (23の②)-(23の①)　24	1,500,000	

債 務 免 除 等 を 受 け た 金 額 の 明 細

金 融 機 関 等 の 名 称	債務免除等を受けた金額	金 融 機 関 等 の 名 称	債務免除等を受けた金額
	円		円

別表十四（一）の記載の仕方

1　この明細書は、法人が法第25条第3項《資産の評価益の益金不算入等》若しくは第33条第4項《資産の評価損の損金不算入等》（これらの規定を東日本大震災の被災者等に係る国税関係法律の臨時特例に関する法律（以下「震災特例法」といいます。）第17条第1項《被災法人について債務免除等がある場合の評価損益等の特例》の規定により読み替えて適用する場合を含みます。）の規定の適用を受ける場合又は連結法人が法第81条の3第1項《個別益金額又は個別損金額》（法第25条第3項又は第33条第4項（これらの規定を震災特例法第25条第1項《被災連結法人について債務免除等がある場合の評価損益等の特例》の規定により読み替えて適用する場合を含みます。）の規定により法第81条の3第1項に規定する個別益金額又は個別損金額を計算する場合に限ります。以下同じ。）の規定の適用を受ける場合に記載します。

　　なお、連結法人については、適用を受ける各連結法人ごとにこの明細書を記載し、その連結法人の法人名を「法人名」の括弧の中に記載してください。

2　「評定額等」の各欄は、令第24条の2第5項各号《再生計画認可の決定に準ずる事実等》若しくは第68条の2第4項各号《再生計画認可の決定に準ずる事実等》に掲げる事実の区分に応じこれらの規定に規定する価額又は東日本大震災の被災者等に係る国税関係法律の臨時特例に関する法律施行令第17条第2項《被災法人について債務免除等がある場合の評価損益等の特例》若しくは第22条第2項《被災連結法人について債務免除等がある場合の評価損益等の特例》の規定により令第24条の2第5項若しくは第68条の2第4項の規定を読み替えて適用する場合のこれらの規定に規定する価額を記載します。この場合において、令第24条の2第5項第1号又は第68条の2第4項第1号に規定する価額を記載するときは、資産の評価基準、評価方法その他当該価額の算定の根拠を明らかにする事項を別紙に記載して添付します。

3　「債務免除等を受けた金額の明細」の各欄は、法人につき法第25条第3項若しくは第33条第4項に規定する政令で定める事実若しくは震災特例法第17条第1項に規定する政令で定める事実が生じた場合において当該法人が法第25条第3項若しくは第33条第4項（これらの規定を震災特例法第17条第1項の規定により読み替えて適用する場合を含みます。）の規定の適用を受けるとき、又は連結法人につき法第25条第3項若しくは第33条第4項に規定する政令で定める事実若しくは震災特例法第25条第1項に規定する政令で定める事実が生じた場合において当該連結法人が法第81条の3第1項の規定の適用を受けるときに記載します。

(4) 会社更生法との比較

会社更生においては、債務免除益、私財提供益に対する損金算入の順番は①期限切れ欠損金、②財産評定損失、③青色欠損金、災害損失欠損金となると解され、民事再生における資産評定による評価損の損金算入の場合とも異なる点に、留意が必要である（法人59①三、59②三）。

会社更生の場合は、評価損益の合計額のマイナスは、0とされるので、債務免除益等から控除されず、債務免除等は、全額、7年経過繰越欠損金から控除されるのに対し、民事再生の場合は、0とされず、債務免除益等から控除される。

また、評価換えがない場合には、債務免除益等は、青色欠損金等から控除される。

したがって、翌期以降所得金額が出ても、青色欠損金等の金額は会社更生の場合に比べて、残額が少なくなる点からは、会社更生法が有利である。

5　役員に対する未払賞与の免除益の取扱い

役員に対する未払賞与の免除益についても、一定の要件の下でその支払われないこととなった金額については、その支払わないことが確定した日の属する事業年度の益金の額に算入しないことができるとされている（法基通4－2－3）。

6　資産の譲渡益に対する課税

民事再生においては、経営の縮小や債権者に対する弁済原資を得るために、会社資産の譲渡がなされることが多いが、資産の譲渡に伴う課税については特別の取扱いはなされていない。そのため、譲渡益が発生すれば、それは課税の対象となる。そこでこのような場合、資産譲渡益課税の軽減のために繰越欠損金が活用される。

なお、土地の譲渡益については、土地重課税の問題もある。土地重課税とは、法人が土地の譲渡等をした場合に、通常の法人税とは別に、その土地の保有期間に応じて一定の割合の追加課税を行うものである（措置62の3、63）。

　本制度は、土地の投機的取引を抑制する目的として定められた。しかし、バブル経済崩壊により土地の価格は下落し、土地転がしにより短期で転売利益を上げるといったことは困難な経済情勢になりむしろ不動産の流動化を促進して経済の活性化を図る必要が生じたことから、超短期所有土地等（所有期間 2 年以下のもの）の追加課税の制度は平成 9 年12月31日をもって廃止された。

　また、短期所有土地等（所有期間が 5 年以下のもの）及び長期所有土地等（所有期間が 5 年超のもの）の追加課税は、適用が停止されている（措置62の 3 ⑧、63⑦）。

7　欠損金の繰戻し還付

　再生手続開始決定がなされた場合も、会社更生の場合と同様、欠損金の繰戻し還付の制度の利用が可能である（法人81①、④、⑤、法人令154の 3 、法人規36の 4 ）。

8　粉飾決算に基づく過大申告と更正の請求

　仮装経理による粉飾決算が行われていた場合、法定申告期限から 1 年以内の分に限り、更正の請求（通則23）を行って還付を受けることができる。

　これに対して 1 年以上前の粉飾決算については、納税者からの更正の請求はできず、税務署長の職権による更正によるしかない。そこで、法定申告期限から 5 年を経過する日までの事業年度分までの事実に係る修正経理をした各事業年度の確定申告書を提出し、税務署長あて上申書又は嘆願書などを提出して職権発動を促す方法がとられることがある（法人129①）。

　平成21年度税制改正により、 5 年間の繰越控除制度の適用を受けている法人に、民事再生手続開始があったときは、開始決定日以後 1 年以内に、所轄税務署長に対し、既に還付又は控除された金額以外の金額の還付を請求できることとされ、また、減額更正前に再生手続の開始決定があったときは、 5 年間の繰越控除制度の適用をせず、直ちに還付されることとされた。

9 事業譲渡等の方法で事業再編が行われた場合

(1) 譲渡会社の課税関係

事業譲渡財産の時価相当額が益金に算入され（法人22②）、譲渡財産の帳簿価額が損金に算入されて（同法22③）、譲渡損益が認識され、他の益金や損金と合算されたうえで、申告所得があれば法人税が課税される。

ただし、評価が適正でなく、譲渡代金が時価と乖離し、低額又は高額と認定されたときは、寄附金課税又は受贈益課税の問題が発生するので注意が必要である（同法37、22②）。

(2) 譲受会社の課税関係

原則として課税はなく、その受入価額は時価による（法人令54①六）。

ただし、評価が適正でなく、譲渡代金が時価と乖離し、低額又は高額と認定されたときは、寄附金課税又は受贈益課税の問題が発生するので注意が必要である（法人37、22②）。

事業の譲受けのうち、事業及び当該事業に係る主要な資産又は負債のおおむね全部が移転するものにつき、譲渡代金が、個々の資産、負債の時価評価額の合計を超える場合、評価が適正である限り、資産調整勘定として処理され、5年均等償却が必要になる（同法62の8、法人令123の10）。

そのほか、譲受会社については、同族関係者間の事業譲渡における譲渡人の滞納租税についての譲受人の第二次納税義務、無償又は著しく低額での譲受けの場合の譲受人等の第二次納税義務を定めた規定がある（徴収38、39、地方11の7、11の8）。

第4節　個人債務者の税務

　個人の債務者が債務免除、債務弁済のための資産の贈与、低額譲渡を受けた場合については、法人から債務免除を受けた場合には一時所得に該当するとして所得税が課税されるか、また、個人から債務免除を受けた場合には贈与税が課税されるかがそれぞれ問題になる。

1　債務免除を受けた場合

　所得税法及び相続税法は、債務者が資力を喪失して債務を弁済することが著しく困難であると認められる場合の債務免除益については、これを収入金額に算入せず又は贈与とみなさない特例を設けている（所得44の2①、相続8①）。通常は、民事再生手続の対象となる個人は、債務超過状態で資力を喪失していると認められる場合であると考えられるので、いずれも課税されない。

　債務者が債務弁済のために資産の贈与又は低額譲渡を受けた場合については、資力を喪失して債務を弁済することが困難である場合において、扶養義務者からの低額譲渡や利益享受は贈与とみなされず、課税問題は起きないが（相続7ただし書、9ただし書）、法人から資産の贈与、低額譲渡を受けた場合は所得税が、個人から資産の贈与、低額譲渡を受けた場合は贈与税が課税される。

2　資産譲渡益と純損失の繰越控除

　債務弁済のため資産を譲渡した結果として譲渡益が出た場合には過去に生じた純損失の繰越控除によって課税所得を減じることができる。

　すなわち、青色申告者については、純損失を生じた年に期限までに事業者として青色申告書を提出していれば、その翌年以降連続して確定申告書を提出していることを要件として、純損失の全額について3年間の繰越控除をすることができる（所得70①、所得令201）。

3　譲渡所得が非課税となる要件

　資力喪失した個人による資産譲渡については、その所得を非課税とする措置が設けられている。非課税となる場合の要件は次のとおりである（所得9①十、通則2十）。

　ア　譲渡資産は棚卸資産以外の資産であること（所得33②一）。

　イ　資産譲渡が、資力喪失により債務弁済が著しく困難な場合に、強制換価手続によって行われたこと、又は、強制換価手続の執行が避けられないと認められる場合に任意に譲渡を行って、譲渡対価の全部を債務弁済に充てたこと（所得令26）。

　資力喪失により債務弁済が著しく困難か否かは、資産譲渡時において、債務者の債務超過の状態が著しく、その信用や才能等を活用しても、現在又は近い将来において債務全部の弁済資金を調達することができないと認められるか否かにより判定される（所基通9－12の2）。

第 5 節　再生手続における租税債権の取扱い

　再生手続において、租税債権は、一般優先債権として再生手続によらないで随時弁済するものとされている（民事再生122）。再生届出の必要もなく、再生計画による権利変更の対象にもならない。すなわち、再生手続が開始されても、租税債権による権利行使は制限されず、これに基づく滞納処分は可能である。また、租税債権による滞納処分に関しては、他の一般優先債権や共益債権において認められているような強制執行等の中止命令の対象とはされていないことから（同法121③、④、122④）、滞納者に対して納付の請求をするとともに、滞納者の財産に対して滞納処分をすることができる（徴基通47－34）。

　したがって、円滑な再生手続遂行のためには、租税債権に関して、納税の猶予（通則46）、換価の猶予（徴収151、151の２）の制度を利用することを検討すべきである。

第 6 節　債権者の税務

　再生手続が行われた場合の債権者の税務問題は、債務者に対して有する債権の評価であり、具体的には、貸倒引当金又は貸倒損失の計上の可否となる。

1　個別貸倒引当金の設定

⑴　再生手続開始の申立てがあったときの個別貸倒引当金

　会社更生手続の場合と同様、債権を個別評価して、引当金銭債権の額の50％相当額について貸倒引当金の計上をすることができる（法人52、法人令96①三ロ、所得52、所得令144①三ロ）。

⑵　再生計画認可の決定時の個別貸倒引当金

　再生計画において弁済されることになった金銭債権のうち、5年を超えて弁済される額は、個別評価による貸倒引当金の繰入れができる（法人令96①三ロ、所得令144①一ロ）。

2　貸倒損失の計上

⑴　再生計画認可の決定時の貸倒損失

　金銭債権のうち、再生計画認可決定により切り捨てられることになった金額について貸倒損失として損金処理を行うことができる（法基通9－6－1、所基通51－11）。

⑵　全額回収不能の場合の貸倒損失

　必ずしも民事再生の場合に限られるものではないが、債務者の資産状況、支払能力等からみてその全額が回収されないことが明らかになった場合には、その明らかになった事業年度において損金経理をすることにより、貸倒れとして損金に算入することができる。この場合、担保の提供がある場合には、担保物の処分が行われていることが必要である（法基通9－6－2）。

◇　債務者の資産状況、支払能力等からみてその全額が回収できないことが明らかになった場合について（日本興業銀行事件：最高裁平成16年12月24日判決、民集58巻9号2637頁）

【判示事項1】法人の各事業年度の所得の金額の計算において、金銭債権の貸倒損失を法人税法第22条第3項第3号にいう「当該事業年度の損失の額」として当該事業年度の損金の額に算入するためには、当該金銭債権の全額が回収不能であることを要すると解される。そして、その全額が回収不能であることは客観的に明らかでなければならないが、そのことは、債務者の資産状況、支払能力等の債務者側の事情のみならず、債権回収に必要な労力、債権額と取立費用との比較衡量、債権回収を強行することによって生ずる他の債権者とのあつれきなどによる経営的損失等といった債権者側の事情、経済的環境等も踏まえ、社会通念に従って総合的に判断されるべきものである。

　これを本件債権についてみると、前記事実関係によれば、次のとおりである。

ア　母体行5社は、平成7年9月にAを整理する方針を確認したところ、その後の農協系統金融機関との協議において、農協系統金融機関が、その元本損失部分についても母体行が責任を持つ完全母体行責任による処理を求めたのに対し、Xは、その貸出金全額の放棄を限度とする修正母体行責任を主張し、債権額に応じた損失の平等負担を主張することはなかった。

イ　その背景として、Xは、Aの設立に関与し、独禁法で許容される上限まで株式を保有し、役員及び職員を派遣し、多額の融資を行うなどして、その経営に深くかかわっていたという事情があった。そして、同4年に策定された第1次再建計画によってはAの経営再建ができなくなり、同5年に本件新事業計画が策定されるに至ったが、農協系統金融機関が融資残高の維持及び金利の減免を内容とする同計画に応じたのは、母体行が責任を持って再建計画に対応することが明確にされたからであった。

　　そうすると、Xは、本件新事業計画を達成することができなかったことにつき、農協系統金融機関から信義則上の責任を追及されかねない立場にあったということができる。

ウ　本件新事業計画は、Aの再建を前提としたものであって、その破綻後の整理を前提としたものではないものの、Aの余裕資金による返済順序の第2順位が母体ニューマネー、第4順位が農協系統金融機関の債権とされ、母体行の従前からの債権がそれらに劣後するという内容であったところ、Xは、Aの整理が避け難い情勢になった後においても、Aから母体ニューマネーを回収していた。

　　したがって、農協系統金融機関が完全母体行責任を主張することには無理からぬ面があり、Xも、上記のような経緯を考慮して、修正母体行責任が限度であると主張して、本件債権の放棄以上の責任を回避しようとしていたものということができる。

エ　母体行5社は、本件閣議決定及び本件閣議了解で示された住専処理計画に沿ってAの処理計画を策定し、同計画において、Xは、本件債権を全額放棄すること、すなわち、本件債権を非母体金融機関の債権に劣後する扱いとすることを公にしたということができる。前記のとおり、Xにおいてせいぜい修正母体行責任しか主張することができない情勢にあったことをも考慮すると、仮に住専処理法及び住専処理に係る公的資金を盛り込んだ予算が成立しなかった場合に、Xが、社会的批判や機関投資家としてXの金融債を引き受ける立場にある農協系統金融機関の反発に伴う経営的損失を覚悟してまで、非母体金融機関に対し、改めて債権額に応じた損失の平等負担を主張することができたとは、社会通念上想定し難い。

オ　上記のAの処理計画において、Aの正常資産及び不良資産のうち回収が見込まれるものの合計額は、非母体金融機関の債権合計1兆9,197億円を下回る1兆2,103億円とされたが、この回収見込額の評価は、本件閣議決定及び本件閣議了解で示された公的資金の導入を前提とする住専処理計画

を踏まえたものであるから、破産法等に基づく処理を余儀なくされた場合
には、当時の不動産市況等からすると、Aの資産からの回収見込額が上記
金額を下回ることはあっても、これを越えることは考え難い。

【判示事項2】以上によれば、Xが本件債権について非母体金融機関に対し
て債権額に応じた損失の平等負担を主張することは、それが前記債権譲渡担
保契約に係る被担保債権に含まれているかどうかを問わず、平成8年3月末
までの間に社会通念上不可能となっており、当時のAの資産等の状況からす
ると、本件債権の全額が回収不能であることは客観的に明らかとなっていた
というべきである。そして、このことは、本件債権の放棄が解除条件付きで
されたことによって左右されるものではない。

　したがって、本件債権相当額は本件事業年度の損失の額として損金の額に
算入されるべきであり、その結果、Xの本件事業年度の欠損金額は118億
7,390万838円となるから、本件各処分は違法である。

▶債権者の取扱い

対象	事実	特例規定等の内容		該当法令
法人債権者	民事再生手続開始の申立てが行われたとき	貸倒引当金	金銭債権に対し50%の貸倒引当金の繰入れが認められる。（個別評価金銭債権）	法人52①、法人令96①三、
	再生計画認可の決定が行われたとき	貸倒損失	切り捨てられた債権について貸倒損失の損金算入が強制される。	法人22③三 法基通9−6−1
		貸倒引当金	5年を超えて弁済される予定の金銭債権に対して、100%の貸倒引当金の繰入れが認められる。（個別評価金銭債権）	法人52①、法人令96①一

	DESと債権譲渡損失		合理的な再建計画により、債権を現物出資し債務者から新株の割当を受けた場合には、債権の額と新株の時価との差額は損失となる	法人22③三法基通2－3－14
	任意整理における債権放棄（子会社等を再建する場合の無利息貸付等）	貸倒損失	合理的な再建計画に基づき、子会社等に対し債権放棄を行った場合には、寄附金とはされず全額損金に算入される。	法人22③三法基通9－4－2
個人債権者	民事再生手続開始の申立てが行われたとき	貸倒引当金	不動産所得、事業所得、山林所得を得るべき事業遂行上生じた債権（個別評価貸金等）について、50％貸倒引当金の繰入れが認められる。	所得52①、所得令144①三
	再生計画認可の決定が行われたとき	貸倒損失	不動産所得、事業所得、山林所得を得るべき事業遂行上生じた債権（個別評価貸金等）について、切り捨てられた再建額の必要経費算入が強制される。	所得51②、所得令144①一
		貸倒引当金	不動産所得、事業所得、山林所得を得るべき事業遂行上生じた債権（個別評価貸金等）について、5年を超えて弁済される予定の金額について100％の貸倒引当金の繰入れが認められる。	所得52①、所得令144①一

第5章　会社更生

第1節　会社更生手続

　会社更生手続は、会社更生法による、窮境にある株式会社の事業の維持更生を図ることを目的とする裁判上の倒産手続である。会社更生法は、窮境にある株式会社について、更生計画の策定及びその遂行に関する手続を定めること等により、債権者、株主その他の利害関係人の利害を適切に調整し、もって当該株式会社の事業の維持更生を図ることを目的とする（会社更生1）。

　再生手続と更生手続は、手続上の基本構造を共通にし、両手続とも迅速な手続の進行を想定しているが、根本的に異なる点が存在する。

　再生手続は、担保権及び優先債権を手続外債権としているのに対し（民事再生53②、122②）、更生手続では、担保権も優先的債権も手続内に取り込んだ手続となっている。すなわち、更生手続開始決定があれば、担保権の実行及び優先的債権を含む一般更生債権に基づく強制執行は禁止され（会社更生50①）、開始決定後1年間（又は裁判所が延長した期間）は、国税滞納処分は原則的に中止され（同法50②、③）、担保権も優先的更生債権も、原則として更生計画によらなければ弁済が禁止される（同法47）。このような差異の結果、再生手続では、優先的債権及び担保権については、期限の猶予等が必要な場合は、個別に債権者の合意（担保権協定等）が必要となる。これに対し、更生手続の場合は、更生計画によって更生担保権及び優先的更生債権の処遇を決め、組分けされた債権者の決議によって、一般債権のみならず、更生担保権及び優先的更生債権についての免除及び期間の猶予が可能となる。

▶更生手続の流れ

更生手続開始の申立て （会社更生17）

中止命令（会社更生24）
包括的禁止命令（会社更生25）
財産保全処分（会社更生28）

保全管理命令（会社更生30）
保全管理人の選任（会社更生30②）

監督命令（会社更生35〜38）
調査命令（会社更生39）

更生手続開始決定
管財人の選任 （会社更生41）

財産評定
（会社更生83）

更生債権の届出
調査・確定

財産状況報告集会 （会社更生85）

更生計画案の提出 （会社更生184・185）

更生計画案の決議

可決

否決

認可決定

不認可

更生計画の遂行 （会社更生209）

更生手続終結決定 （会社更生239）

1　更生手続の開始決定

⑴　開始原因

　株式会社は、次の二つのいずれかの更生手続開始の原因となる事実があるときは、更生手続開始の申立てができる（会社更生17①）。①破産手続開始の原因となる事実の生ずるおそれがあるとき、又は、②弁済期にある債務を弁済することとすれば、その事業の継続に著しい支障を来すおそれがある場合、更生手続の開始の申立てをすることができる。

　破産手続の開始原因とは、「支払不能」と、法人について、「債務超過」をいい（破産15①、16、２十一）、会社更生は、支払不能か債務超過の事実が生じるおそれがあるときと規定し、早期申立てが可能となっている。

　「支払不能」とは、「債務者が、支払能力を欠くために、その債務のうち弁済期にあるものにつき、一般的かつ継続的に弁済することができない状態」にあることをいう（同法２⑪）。資産があったとしても、直ちに換価が困難なものであれば、支払不能が認められる可能性がある。

　「債務超過」とは、「債務者が、その債務につき、その財産をもって完済することができない状態」をいう（同法16①かっこ書）。

　一定の要件を満たす債権者又は株主も、上記①に該当する事実があるときは、申立てが可能である（会社更生17①）。

⑵　申立て

　更生手続開始の申立権者は、上記①の原因に基づく場合は、ア当該株式会社、イ当該株式会社の資本金の額の10分の１以上に当たる債権を有する債権者（会社更生17②一）、ウ当該株式会社の総株主の議決権の10分の１以上を有する株主（同項二）、エ外国管財人（会社更生244①）であり、上記②の原因に基づく場合は、当該株式会社だけである。

　更生手続開始の申立ては、最高裁判所規則で定める事項を記載した書面「会社更生手続開始申立書」を必要添付書類とともに裁判所に提出し、予納金を納付する。予納金は保全管理人、公認会計士等の報酬、その他の手続費用等に充てられ、

最低1,000万円以上を要する。

(3) 保全処分発令と保全管理人の選任

　更生手続開始申立て後において、開始決定後の円滑な更生手続の進行、債務者の財産の散逸防止等を目的として、裁判所から債務者に対して、申立て前までに生じた債務の弁済を禁止する保全処分命令が発令される（会社更生28）。債務者は、申立てまでに生じた債務を裁判所の命令によって、支払うことができなくなるが、資金繰りに窮した債務者にとっては、更生手続により再建を図るために、合法的に旧債務の弁済を停止できるということである。

　会社更生手続では、担保権についても他の強制執行手続と同じ要件で既存の担保権実行手続について中止命令が発令され（同法24）、他の強制執行手続と同じ要件で包括的に担保権実行手続の中止を命じ得る（同法25①）。既になされた手続が中止されるだけでなく、更生担保権者が将来手続を行うことも禁止される。

　また、中止命令や包括的禁止命令の対象に滞納処分が含まれる場合があり（同法24②、25①）、中止に際してはあらかじめ徴収権者の意見を聴取しなければならず、中止、禁止の期間は2か月に限られる。

　裁判所は、保全処分と同時に、保全管理人を選任する（同法30）。

　保全管理人の役割は、会社財産の保全と、業務、財産の状況の調査、事業経営の継続である（同法30、34①、77）。したがって、開始決定前にも旧経営者は経営権を剥奪されることもある一方、開始前会社の業務に属しない行為をするには、裁判所の許可を得なければならない（同法32①ただし書）。

(4) 更生手続開始決定手続

　裁判所は、更生手続開始の申立てがあった場合において、申立ての原因となる事実があり（会社更生17①）、かつ次の棄却事由（同法41①）がない限り申立ては棄却されず、更生手続の開始決定を行う。

① 　更生手続の費用の予納がないとき

② 　裁判所に破産手続、再生手続又は特別清算手続が係属し、その手続によることが債権者の一般の利益に適合するとき

③　更生計画案の作成若しくは可決の見込み又は更生計画の認可の見込みがないことが明らかであるとき

④　不当な目的で更生手続の開始の申立てがされたとき、その他申立てが誠実にされたものでないとき

2　更生手続開始決定の効果

(1)　更生手続開始決定の効果

　更生手続開始決定がなされた後も、会社そのものは存続し、営業を続けることになる。そして、更生手続開始決定後も、取締役、監査役、取締役会、株主総会、委員会等設置会社における各種委員会や執行役、という会社の機関は存続することになる。

　しかし、更生手続開始決定は直ちに効力を生じ（会社更生41②）、更生手続開始決定と同時に管財人が選任され（同法42）、管財人が選任されると、更生会社の事業の経営並びに財産の管理及び処分をする権利が管財人に専属することになる（同法72①）。

　実務上は、保全管理人がそのまま管財人に選任されるが、保全管理期間中にスポンサーが決定している場合には、スポンサー側からも管財人が選任される。

　また、更生手続の開始決定により、更生債権及び更生担保権は、更生計画によって定められた方法以外では弁済及び消滅行為をすることができなくなり（同法47①）、更生手続以外での担保権の行使が原則として禁止される。

　更生会社の財産に対する滞納処分は、決定の日から1年間はすることができず、既にされている滞納処分は中止され（同法50②）、租税債権は遅滞なく裁判所に届け出なければならない（同法142一）。

(2)　更生会社の組織に関する基本的事項の変更の禁止

　更生手続開始後その終了までの間においては、更生計画の定めるところによらなければ更生会社について、株式の償却、剰余金の配当、資本金の額の減少、会社分割などの組織変更の行為を行うことができない（会社更生45①）。

(3) 営業譲渡

　更生手続開始後その終了のときまでの間は、更生計画の定めによらなければ更生会社の営業の全部又は重要な一部の譲渡をすることはできない（会社更生46①）。ただし、更生計画の認可決定を待っていたのでは更生会社の事業価値が著しく毀損してしまう場合があり、この点、早期の営業譲渡を可能にし、再生手続との調和を図るために開始決定後でも更生計画案を決議に付する旨の決定がされるまでの間であれば、裁判所の認可により、更生計画によらないで、営業の全部又は一部を譲渡することが可能とされている（同条②）。

(4) 更生会社の法律行為の効力

　更生会社の代表者が更生手続開始後にした法律行為は、更生手続の関係においては、その効力を主張することができない（会社更生54①）。これは、このような行為を絶対無効とするのではなく、行為の相手方からはその行為は有効だと主張できないが、管財人からは有効であると主張し得る相対的なものとする趣旨である。

　更生債権者等は、更生手続開始後、更生債権等につき更生会社財産に関して管財人又は更生会社の行為によらないで権利を取得しても、更生手続の関係においては、その効力を主張することができない（同法55①）。

(5) 継続的給付を目的とする双務契約

　会社更生法は、双務契約における対価的牽連性に着目し、双務契約にあっては更生会社及びその相手方が更生手続開始の時において、共にまだその履行を完了していないときは、管財人は、契約の解除をし、又は更生会社の債務を履行して相手方の債務の履行を請求することができる特則を設けている（会社更生61①）。管財人が更生会社の債務の履行をする場合において、相手方が有する請求権は、共益債権となる（同条④）。

　リース料債権は会社更生法第61条第4項の共益債権となるのか、それとも同法第2条第10項の更生担保権となるのかが問題となる。最高裁判所は、フルペイアウト方式によるファイナンス・リース契約において、リースという形態が実質的

にリース料債権を担保するための機能を果たしていることは否めない事実であり、リース会社は、契約締結時にユーザーに対して与信したリース料債権相当額について、ユーザーの信用状態が悪化したときにはリース期間満了前にリース物件の返還を請求することができるとの約定によって、これを担保されているものと解することが可能であり、このことは、更生手続においても当てはまるものであり、更生手続の開始決定の時点において、未払のリース料債権は、期限未到来のものも含めてその全額が会社更生法第 2 条第 8 項にいう更生手続開始前の原因に基づいて生じた財産上の請求権に当たり、更生債権となる見解を採用し、共益債権性を否定している（最高裁平成7.4.14判決）。

3　管財人

(1)　管財人の権限

更生手続開始により、更生会社の事業経営権、財産管理処分権は管財人に専属する（会社更生72①）。管財人は就任後ただちに更生会社の業務・財産の管理に着手する（同法73）。管財人の具体的な職務は次のとおりである。

① 会社更生法第84条第 1 項に定める報告書の作成、裁判所への提出（同法84①）、

② 関係人集会における報告（同法85①）

③ 関係人集会が開かれない場合にはその要旨の送付（会社更生規則25①）

④ 財産評定（会社更生83①）、貸借対照表、財産目録の作成、提出（同条③）、更生会社の取締役、執行役等の責任の調査（同法84①三）、

⑤ 更生債権等についての認否書の作成、提出（同法146①、③）

⑥ 更生計画案の作成、提出（同法184①、③）

(2)　財産の価額の評定

更生手続において、財産の評価が問題となる場合は 2 つある。1 つは、更生手続開始時の財産に対してなされる財産評定であり（会社更生83）、他は、更生担保権に係る担保権の目的財産の価額を評価するものであり、その価額の評価は、

いずれも更生手続開始時における「時価」を基準として評価すると解されている。

　一般に会計学上、時価は「企業が限に有している資産をその評価時点における市場価格又は経済価値に基づいて評価した額」と定義されており、それに従って評価しなければならない。

(3)　更生会社の財産状況に関する調査

ア　調査報告書

　管財人は、更生手続開始後遅滞なく、①更生手続開始に至った事情、②更生会社の業務及び財産に関する経過及び現状、③役員の財産に対する保全処分（会社更生99①）又は役員等責任査定決定（同法100①）を必要とする事情の有無、④その他の更生手続に関する必要な事項を記載した報告書を裁判所に提出する（同法84①）。

イ　貸借対照表及び財産目録

　管財人は、更生手続開始後遅滞なく、更生会社に属する一切の財産につきその価額を評定し（同法83①）、この財産評定を完了した管財人は、直ちに更生手続開始の時における貸借対照表及び財産目録を作成し、これらを裁判所に提出する（同条③）。

4　否認権

　会社更生法上の否認権の規定は、破産法、民事再生法の否認権制度と基本的に異なるところはない。

　会社更生法においても、対価的均衡を欠くなどの理由で債務者の財産を減少させる行為である財産減少行為（詐害行為）の否認（会社更生86）、相当の対価を得てした財産の処分行為の否認（同法86の2）、債務者の出捐において一部の債権者に対して担保を供与し、あるいは満足を与える偏頗行為の否認（同法86の3）、対抗要件否認（同法88）、執行行為の否認（同法89）が存在する。

5　更生手続における営業譲渡

⑴　更生計画外で行う営業譲渡

　更生手続開始後、更生計画案を決議に付する旨の決定がされるまでの間においては、管財人は、裁判所の許可を得て、更生会社の営業の全部又は重要な一部を譲渡することができる（会社更生46②）。

　計画外営業譲渡をする場合には、裁判所の許可に先立ち、知れている更生債権者、更生担保権者及び労働組合等の意見が聴取される（同条③）。計画外営業譲渡の許可の時点において、更生会社が「その財産をもって債務を完済することができない状態にある場合」を除き、管財人は、裁判所の許可により計画外営業譲渡をしようとする場合には、あらかじめ、法定事項を公告又は株主に通知する必要がある（同条④、⑧）。裁判所の許可の時点において更生会社が債務超過でない場合に総株主の議決権の3分の1を超える議決権を有する株主が書面をもって営業譲渡に反対の意思を有することを通知したときは、裁判所は許可を与えることができないとされている（同条⑦、⑧）。

⑵　更生計画で行う営業譲渡

　更生計画案に、その内容の一つとして営業譲渡を定め、関係人集会における更生計画案の決議と裁判所の許可を経て、営業譲渡を行う方法がある（会社更生46①本文）。更生計画案の可決に当たっては、関係人集会において議決権を行使することができる株主の議決権総数の過半数の同意が必要となる（同法196⑤三）。

6　更生計画案の作成

　更生手続の開始決定後、管財人は遅滞なく開始決定日現在の一切の財産につき財産評定を行い、裁判所に提出しなければならない（会社更生83①、②、③）。

　この財産評定が更生計画案における更生担保権及び更生債権の弁済率算定の基礎となる。また同時に債権調査を行い（同法146①）、更生債権及び更生担保権の金額を算定し、財産評定の結果を踏まえて更生担保権の金額及び更生債権の弁済率を算定し更生計画案を作成、裁判所に提出する（同法184①、③）。更生計画案

には、ア更生債権者、更生担保権者の権利変更の内容・株主の権利の変更（通常は無償償却に基づく100％減資による権利喪失）、イ役員の選任状況、ウ共益債権の弁済方法、エ弁済資金の調達方法、オ更生計画において予想された額を超える収益金の使途等を記載する（同法167①）。

7　更生計画案の審理及び可決

更生計画案が裁判所に提出されると、原則として裁判所はこれを決議に付する旨の決定を行い（会社更生189）、裁判所の指揮の下で開催される関係人集会の期日において議決権を行使する方法（同条②一）又は書面等投票による方法（同条②二）若しくは両者を併用する方法（同条②三）により、更生計画案が決議される。

更生計画案の決議は、更生担保権、優先的更生債権、それ以外の更生債権、優先株式、それ以外の株式を有する者に分かれて行う（会社更生196①）。

可決要件は、一般の更生債権においては総額の2分の1超、更生担保権においては、期限の猶予を内容とする計画案については3分の2以上、減免等を内容とする場合は4分の3以上の同意となっている（同条⑤）、なお、事業の全部を廃止する計画案については、更生担保権者の10分の9以上の同意が必要である（同条⑤二ハ）。

関係人集会で可決された更生計画案は、裁判所によって認可又は不認可の決定が行われる（会社更生199①）。裁判所は可決された更生計画案が、法令に適合しており、公正かつ衡平であり、遂行可能である等の要件を満たす限りこれを認可しなければならない（同条②）。

裁判所の認可の決定によって初めて、更生計画は効力を生じ（会社更生201）、更生計画の認可決定があった場合には、更生計画に定められた権利を除き、更生会社はすべての更生債権等につき、その責任を免れ、株主等の権利及び更生会社の財産を目的とする担保権はすべて消滅する（同法204①）

8　更生手続の終結

　更生計画認可後、更生会社は事業を発展、継続しながら、更生計画に従って債務の弁済を行う。そして次のいずれかに該当する場合には、裁判所は、管財人の申立てにより又は職権で、更生手続終結の決定を行う（会社更生239①）。

① 　更生計画が遂行された場合

② 　更生計画の定めによって認められて金銭債権の総額の 3 分の 2 以上の額の
　　弁済がされたときにおいて、当該更生計画に不履行が生じていない場合

③ 　更生計画が遂行されることが確実であると認められる場合

第2節　更生会社の税務

　会社更生の開始決定後に資産の見直しである財産評定が行われ、財産評定に基づき資産の評価換えをして、帳簿価額を増額した場合は、その増額部分の金額をその属する事業年度の所得の金額の計算上、益金の額に算入する（法人25②、法人令24）。

　また、資産の評価損は、評価換えをした日の属する事業年度の所得の金額の計算上、帳簿価額との差額等を損金の額に算入する（法人33②、法人令68）。

　会社更生法の財産評定額は、それが認可決定日決算において、会社法の取得価額とみなされるため会計上の帳簿価額を構成する。また、法人税法上、財産評定に基づいた資産の評価損益の益金又は損金算入は、会計上益金としての経理又は損金経理を要件として益金又は損金に算入される。

　会社更生法の規定により更生手続の開始決定を受け、債務免除益、私財提供益、資産評価益を計上した場合には、更生会社は繰り越された欠損金のうち期限切れ欠損金部分を、これらの益金から、期限内（7年以内）の青色欠損金等に先立って優先的に控除することができる（法人59①）。

1　事業年度

　会社更生は、再建型の法的倒産処理手続であり、民事再生と同様、更生会社は解散せずに継続することを前提にする（会社471⑤、475、610）。会社更生法では民事再生とは異なり、事業年度の変更が規定されている（会社更生232②、法人13①、法基通14-3-1）。

　すなわち、会社更生法上、更生会社の事業年度は更生手続開始決定の時に終了し、これに続く事業年度は更生計画認可決定の時又は更生手続終了の日に終了するものとされている（会社更生232②）。法人税法上の取扱いも、更生会社の事業年度は、開始決定の日に終了し、更生手続開始決定の翌日から1年ごとに課税さ

れることになり、更生計画認可決定があればその日で当該更生手続中の事業年度は終了し、以後は定款の定める事業年度に戻ることになる（会社更生232②、法人13①）。

　また、更生手続開始の時に続く更生会社の事業年度又は連結事業年度の法人税の中間申告並びに道府県民税、事業税及び市町村民税についての中間申告納付を要しない（会社更生232③）。

▶更生会社の事業年度

　　　　　定款上の事業年度　　　１月１日〜12月31日
　　　　　更生手続開始申立　　　Ｘ６年２月12日
　　　　　更生手続開始決定　　　Ｘ６年３月31日

① 　認可日がＸ６年11月30日の場合

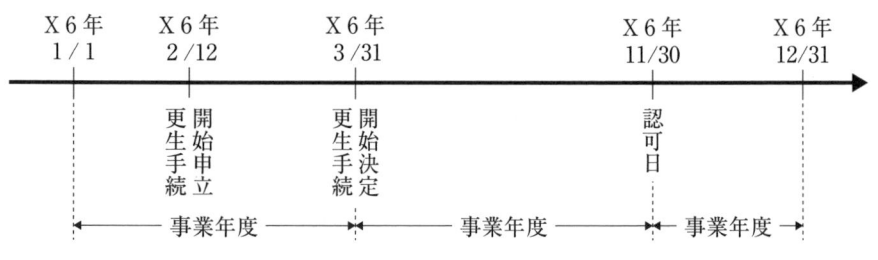

① 　認可日がＸ７年４月30日の場合

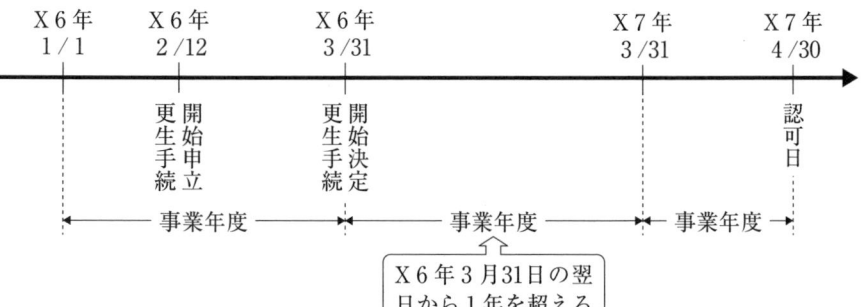

Ｘ６年３月31日の翌日から１年を超えるので１年となる。

2　財産評定と資産の評価損益の計上

　会社更生手続においては、更生会社の一切の財産につき、管財人によって更生手続開始時の時価を基準に財産評定が行われ（会社更生83①、②）、管財人はその評定に基づく貸借対照表と財産目録を作成して裁判所に提出することになる（同条③）。

　この財産評定によって再評価された価額を取得価額とみなして新たな財務会社処理がされることになる（会社更生規則1②）。すなわち、会社更生手続において財産評定が行われた場合、その結果、財産評定された評価額と既存の帳簿価額に変動があれば、資産の評価換えが行われることになる。

　法人税法は、原則として、資産の評価益、評価損の計上を認めていない（法人25①、33①）。

　しかしながら、会社更生計画認可決定があったことにより、評定に基づき評価換えが行われた結果、更生会社の資産の帳簿価額が増額となった場合、その増額した部分の金額は、これらの評価換えをした日の属する事業年度の所得の金額の計算上、益金の額に算入することとなる（同法25②）。更生計画認可の決定があったことにより、評価換えをしてその帳簿価額を減額した場合には、その減額した部分の金額は、その評価換えをした日の属する事業年度の所得の金額の計算上、損金の額に算入することとなる（同法33③）。

　具体的には、更生計画認可の決定があったときは、管財人は更生計画認可の決定の時における貸借対照表及び財産目録を作成し、これらを裁判所に提出しなければならず（会社更生83④）、更生計画認可決定日決算において、財産評定が行われた資産については新しい取得価額、帳簿価額となる。

　会社更生手続の場合には確定申告時において、評価益の場合と同様、資産評価損の計上に関する明細表（別表）の記入及び関係書類の添付については規定がなく、特に求められていない。

▶会社更生等評価換えの取扱い

	評価損益が計上できる事実	関係法令	損金益金算入限度額	明細書、添付書類
評価損	更生計画認可の決定があったことにより、資産の評価換えをして、損金経理により帳簿価額を減額したとき	法人33③	評価換えをして帳簿価額を増額した金額	特に定めなし
評価益	更生計画認可の決定があったことにより、資産の評価換えをして、帳簿価額を増額したとき	法人25②	損金経理により帳簿価額を減額した金額	特に定めなし

3　債務免除益及び私財提供益と繰越欠損金

⑴　繰越欠損金の原則的取扱い

　欠損金額とは、各事業年度の所得の計算上、損金の額が益金の額を超える場合の超過額のことである（法人22十九）。

　青色申告法人については、当該事業年度の前9年以内に生じた繰越欠損金額（これを「青色欠損金」という。）は、最も古い事業年度において生じた欠損金額に相当する金額から順次当該事業年度の所得の計算上損金に算入できる（同法57、法基通12－1－1）。

　一方、白色申告法人の場合は、前9年以内に棚卸資産、固定資産又は政令で定める繰延資産について災害により生じた損失（これを「災害損失欠損金」という。）に係る欠損金額に限って損金算入が認められる（法人58）。

⑵　債務免除益、私財提供益に関する期限切れ欠損金の損金算入の特例

　会社更生や民事再生手続において、債権者から債務免除を受けた場合には債務免除益が発生し、取締役や株主等から私財提供を受けた場合にはその分の益金（私財提供益）が発生する（法人22②）。そうすると、それに見合う限度で損金や青色欠損金等がないときは、譲渡所得が生じ、再建に影響が出るおそれがある。

　そのため、特例として、繰越期間7年間を徒過して繰越控除に利用できなくな

った欠損金等（以下「期限切れ欠損金」という。）の損金算入が認められており、その相殺により、課税所得を圧縮することが認められている。

　利用できる期限切れ欠損金の額（損金算入額）は、期限切れ欠損金の金額のうち、債務免除益、私財提供益及び評価益についての益金算入額の合計額に達するまでの金額である（同法59①、法人令116の３）。会社更生手続の期限切れ欠損金の損金算入の規定においては、損金算入額は、期限切れ欠損金と債務免除益等の合計額とのいずれか少ない金額とされているだけであり、その金額が当期の所得金額を超える場合には、その超える部分については、その事業年度において新たに欠損金が生じたものとして翌期以降の繰越控除に利用することができる。

⑶　青色欠損金、災害損失欠損金と期限切れ欠損金の損金算入の順序

　内国法人について会社更生法又は金融機関等の更生手続の特例等に関する法律の規定による更生手続の開始の決定があり、かつ債務免除益、役員等からの私財提供益、資産評価益（以下、この３つの益金を「債務免除益等」という。）が生じた場合には、債務免除益等の合計額を限度として、前事業年度から繰り越されてきた欠損金額のうち、期限切れ部分を損金算入することができる（法人59）。会社更生手続における欠損金の取扱いの最大の特徴は、欠損金額のうち、発生翌事業年度から９年内の青色欠損金（同法57①）又は災害損失金（同法58①）以外の部分、いわゆる期限切れ欠損金の金額を、無条件に優先してこれらの債務免除益等から控除することができることにある（同法59、法人令116の３）。この法人税法第59条第１項は、同法第57条、第58条に優先する規定となっており、債務免除益等には期限切れ欠損金をまず充当し、充当しても残余所得がある場合には、期限内の青色欠損金又は災害損失金を充当することになる。

　会社更生手続において債務免除益等から控除される欠損金額は、適用年度における確定申告書別表五（一）（期首現在利益積立金額の合計額（マイナスの絶対値））を適用年度の前事業年度から繰り越された欠損金額とし、これから前事業年度から繰り越された期限内の青色欠損金又は災害損失金を控除した金額となることから、結果的に、債務免除益等から期限切れ欠損金部分が優先的に控除されること

になる。

　欠損金の損金算入ないし評価益等の益金不算入の順序は、①期限切れ欠損金、②青色欠損金、白色災害損失欠損金、③手続開始後欠損金となる。

　また、債務免除益、私財提供益との関係で損金算入の順番は、①期限切れ欠損金、②評価損益、③青色欠損金、白色災害欠損金のとおりとなると解され、民事再生における「資産評価による評価損の損金算入」の場合とは異なる。

⑷　民事再生手続との比較

　会社更生法の場合は、条文的には債務免除額や私財提供益に加えて「評価益から評価損を控除した額」（法人59①三）が期限切れ繰越欠損金の損金算入の対象となっているのに対して、民事再生及び一定の私的整理の場合には、債務免除益や私財提供益に加えて「評価益から評価損を減算した額」（同条②三）が期限切れ繰越欠損金の損金算入の対象となっており、評価損が多い場合には、債務免除益の減額要因となる。したがって、まず評価損を債務免除益等に充当し、評価損によって減少したあとの債務免除益が、期限切れ繰越欠損金の損金算入の対象額とするという趣旨である。

　実務的には別表七（二）で、会社更生の場合は「更生欠損金の損金算入に関する明細」の⑥純評価益の欄で「マイナスの場合は０」と記載されているのに対し、民事再生の場合は同別表七（三）において記載されていない（別表七（二））。

4　欠損金の繰戻し還付

　会社更生法又は金融機関等の更生手続の特例等に関する法律による更生手続開始決定がなされた場合も、民事再生の場合と同様、欠損金の繰戻し還付の制度の利用が可能である（法人81①、④、⑤、法人令154の３、法人規36の４）。

5　役員に対する未払賞与の免除益の取扱い

　役員に対する未払賞与の免除益についても、一定の要件の下でその支払われないこととなった金額については、その支払わないことが確定した日の属する事業

年度の益金の額に算入しないことができるとされている（法基通4－2－3）。

6 資産の譲渡益に対する課税

　更生会社が資産を売却、処分するに当たって、特に資産の譲渡に伴う課税については税法上特別の取扱いはなされていない。そのため、譲渡益が発生すれば、それは課税の対象となる。そこでこのような場合、資産譲渡益課税の軽減のために繰越欠損金が活用される。ただし、会社更生により、財産評定による評価換えが行われることにより、仮に当該資産に含み益がある場合であっても、それが反映された取得価格となるため譲渡益は圧縮される。

　なお、土地の譲渡益については、土地重課税の問題もある。土地重課税とは、法人が土地の譲渡等をした場合に、通常の法人税とは別に、その土地の保有期間に応じて一定の割合の追加課税を行うものである（措置62の3、63）。

　本制度は、土地の投機的取引を抑制する目的として定められた。しかし、バブル経済崩壊により土地の価格は下落し、土地転がしにより短期で転売利益を上げるといったことは困難な経済情勢になり、むしろ不動産の流動化を促進して経済の活性化を図る必要が生じたことから、超短期所有土地等（所有期間2年以下のもの）の追加課税の制度は平成9年12月31日をもって廃止された。

　また、短期所有土地等（所有期間が5年以下のもの）及び長期所有土地等（所有期間が5年超のもの）の追加課税は、適用が停止されている（措置62の3⑧、63⑦）。

7 粉飾決算に基づく過大申告と更正の請求

　仮装経理による粉飾決算が行われていた場合、法定申告期限から1年以内の分に限り、更正の請求（通則23）を行って還付を受けることができる。

　これに対して1年以上前の粉飾決算については、納税者からの更正の請求はできず、税務署長の職権による更正によるしかない。そこで、法定申告期限から5年を経過する日までの事業年度分までの事実に係る修正経理をした各事業年度の確定申告書を提出し、税務署長あて上申書又は嘆願書などを提出して職権発動を

促す方法がとられることがある（法人129①）。

　平成21年度税制改正により、5年間の繰越控除制度の適用を受けている法人に、会社更生手続開始があったときは、開始決定日以後1年以内に、所轄税務署長に対し、既に還付又は控除された金額以外の金額の還付を請求できることとされ、また、減額更正前に更生手続の開始決定があったときは、5年間の繰越控除制度の適用をせず、直ちに還付されることとされた（同法135④一）。

第3節　更生手続における租税債権の取扱い

1　租税等の請求権の特例

会社更生法は、租税等の請求権の特例について定めている（会社更生164）。租税等の請求権とは、国税徴収法又は国税徴収の例によって徴収することができる請求権のうち、共益債権に該当しないものをいう（同法2⑮）。

(1)　更生手続開始申立て

ア　税務署長への通知

株式会社について更生手続開始の申立てがあった場合には、裁判所書記官は、当該株式会社の本店の所在地を管轄する税務署の長に通知をする（会社更生規則7①）。

イ　徴収権者からの意見聴取

裁判所は、必要があると認めるときは、更生手続開始前会社又は更生会社の租税等の請求権について徴収の権限を有する者に対して、当該開始前会社又は当該更生会社の更生手続について意見の陳述を求めることができ、また、開始前会社又は更生会社の租税等の請求権について徴収の権限を有する者は、裁判所に対して、当該開始前会社又は当該更生会社の更生手続について意見を述べることができる（会社更生8③、④）。

ウ　中止命令等

裁判所は、更生手続開始の申立てがあった場合において、必要があると認めるときは、あらかじめ徴収権限を有する者の意見を聴いたうえで、国税滞納処分として、開始前会社の財産に対して既にされているものの中止を命ずることができる（同法24②）。また、裁判所が、開始前会社の事業の継続のために特に必要であると認める場合には、開始前会社の申立てにより、担保を立てさせて、中止した国税滞納処分の取消しを命ずることができる。ただし、この場合にもあらかじめ徴収権限を有する者の意見を聴く必要がある（同条⑤）。

　また、すべての更生債権者等に対して国税滞納処分の中止を命ずる包括的禁止命令が発令されることがあり（会社更生25①）、この場合には、更生手続開始申立てについての決定があったとき、又は当該包括的禁止命令の日から 2 か月が経過したときのいずれか早い時までの間、国税滞納処分は中止する（同条③）。また、中止命令と同様に国税滞納処分が取り消される場合もある（同条⑤）。

(2)　更生手続開始決定

　更生手続開始の決定があったときは、当該決定の日から 1 年間は、更生会社の財産に対する国税滞納処分はすることができず、更生会社の財産に対して既にされている国税滞納処分は中止する（会社更生50②）。

(3)　債権の届出

　租税等の請求権については、当該債権の額、原因及び担保権の内容を裁判所に届け出なければならないが、届出期間に従う必要はなく、遅滞なく届け出れば足りる（会社更生142一）。

　租税等の請求権の確定手続は、通常の査定手続によるのではなく（同法164①）、届出に係る請求権の原因が審査請求、訴訟その他の不服の申立てをすることができる処分である場合には、管財人は、当該不服の申立てをする方法で、異議を主張し、具体的には不服審査又は租税訴訟の方法によることになる。

　届出のあった請求権に関し更生手続開始当時訴訟が継続するときに、異議を主張しようとする管財人は、当該届出があった請求権を有する更生債権者等を相手方とする訴訟手続を受け継がなければならず、また、更生手続開始当時に更生会社の財産関係の事件が行政庁に継続するときも同様である（同条③）。管財人の異議の主張又は訴訟等の受継は、管財人が請求権の届出があったことを知った日から 1 か月の不変期間内にしなければならない（同条④）。

(4)　更生計画の立案

　更生計画において、租税等の請求権について、 3 年以下の期間の納税の猶予若しくは滞納処分による財産の換価の猶予を定める場合、又は更生手続開始の日から 1 年を経過する日までの間に生ずる延滞税、利子税及び延滞金や、納税の猶予

又は滞納処分による財産の換価の猶予の定めをする場合におけるその猶予期間に係る延滞税又は滞納税につきその権利に影響を及ぼすような定めをする場合には、徴収の権限を有する者の意見を聴く必要がある（会社更生169①ただし書）。

更生計画において、租税等の請求権について、上記以外の権利に影響を及ぼす定めをするためには、徴収の権限を有する者の同意を得なければならない（同条①本文）。

2　更生会社における租税債権の区分

更生手続においては、租税債権は優先的更生債権となるもの、共益債権となるもの、更生担保権となるもの、に区分され、それぞれ異なった取扱いを受ける。

(1)　更生債権となるもの

共益債権となるものを除き、更生手続開始前の原因に基づく租税債権は更生債権となる（会社更生2⑮）。ただし、後記の3の(2)記載のとおり、会社更生法上も一般の更生債権とは別異の取扱いがなされている（優先的更生債権）。

(2)　共益債権となるもの

ア　更生手続開始後の原因に基づく租税債権（会社更生127二）

イ　更生手続開始前の原因に基づいて生じた源泉徴収に係る所得税、消費税等、酒税、たばこ税、揮発油税、地方揮発油税、石油ガス税、石油石炭税等の間接税、申告納付の方法により徴収する道府県たばこ税及び市町村たばこ税並びに特別徴収義務者が徴収して納入すべき地方税の請求権で、更生手続開始当時まだ納期限の到来していないもの（同法129）

(3)　更生担保権となるもの

更生債権及び第三者に対する租税債権で更生手続開始前に会社財産の上に担保権を設定されていたものは更生担保権となる。

3　更生手続における租税債権の行使

⑴　更生債権となるもの

ア　更生債権となる租税債権については、請求権の額、原因及び担保権の内容を届け出なければならないが（会社更生142①）、債権調査確定の手続には服さず（同法164①）、債権調査を経ないで、更生債権者表・更生担保権者表に記載される。これら請求権の原因たる処分内容に不服がある場合、不服申立てが可能な処分であれば、管財人は当該請求権の届出があったことを知った日から1か月以内に限り当該不服申立てを行うことができる。

イ　更生債権となる租税の請求権も、一般の更生債権と同じく、更生手続開始決定により個別的権利行使が禁止され、更生計画の定めるところによらなければ、租税を納付し、その他租税債権を消滅させることはできないことから（同法47①）、更生手続によって弁済を受けることになる。

ウ　更生手続開始決定により滞納処分は、共益債権を徴収するための滞納処分を除き、新たな滞納処分は禁止され、既になされた滞納処分は中止されるが、その中止・禁止される期間は、原則として更生手続開始決定の日から1年間に限られ、それ以降は徴収権者の同意を得て伸長し得るにすぎない（同法50②、③）。

エ　滞納処分も裁判所による中止命令（同法24②）、取消命令（同法24⑤、25⑤）、又は包括禁止命令（同法25①）の対象となる。

　　ただし、中止命令、取消命令の発令に際して徴収権者の意見を聴く必要があり、中止の期間は2か月とされている（同法24③、25③二）。

オ　更生計画において、租税債権についてその権利に影響を及ぼす定めをするには、原則として徴収権者の同意を得なければならない（同法169①）。

　　ただし、3年以下の納税の猶予若しくは滞納処分による財産の換価の猶予の定めをする場合、又は、更生手続開始決定日から1年経過する日（その日までに更生計画認可決定があるときは認可決定の日）までの間に生ずる延滞税・利子税又は延滞金、納税の猶予又は滞納処分による財産の換価の猶予の定め

142

をする場合における猶予期間に係る延滞税又は延滞金について、その権利に影響を及ぼす定めをする場合には徴収権者の同意を要せず、単に意見を聴けば足りる。

カ　債権者集会において租税債権には議決権は与えられていない（同法136②四）。

(2)　共益債権となるもの

共益債権に該当するものについては債権届出等、画一的な規制を受けず（会社更生132）、随時弁済を受け得る。

更生会社の財産が共益債権の総額を弁済するに足りないことが明らかになった場合には、共益債権の弁済は、法令の定める優先権に関わらず、債権額にて按分弁済することになるので（同法133①）、滞納処分をすることはできない（徴基通47−50）。

ただし、この場合であっても既になされた滞納処分について取消命令を行うことはできない（会社更生133③）。

4　更生手続認可決定後の租税債権の取扱い

更生計画の認可決定により、更生計画に定めのある権利等を除き、更生会社はすべての再生債権等につき免責され、株主等の権利及び更生会社の財産を目的とする担保権はすべて消滅する（会社更生204①）。そして、届出をした更生債権者等及び株主等の権利は、更生計画の定めに従って変更され（同法206①）、更生債権者等が届け出た更生債権等は確定している限り、更生計画の定めによって認められた権利を行使することができる（同条②）。

更生債権たる租税債権は、更生計画に従って弁済を受けることになるが、共益債権たる租税債権、会社更生法第204条第1項第4号に定められた租税債権については、更生手続認可決定後免責されず、支払義務が残る。

第 4 節　新会社設立の方法で事業再編が行われる場合

更生手続においては、更生計画に定めることにより新たに株式会社を設立し、財産を移転することができる（会社更生183）。以下の税務上の取扱いが、法令・通達において規定されている。

1　租税債務の承継

更生計画において新会社が更生会社の租税等の請求権に係る債務（以下「租税債務」という。）を承継することを定めたときは、当該新会社は当該租税債務を履行する義務を負い、更生会社は当該債務を免れる（会社更生232①）。

これに対し、新会社が更生計画の定めに従い承継した租税債務を納付した場合、損金不算入とされるものを除き新会社の損金の額に算入されることになる。ただし、更生会社で既に未払金・引当金として処理し損金算入されている租税債務については、新会社が納付しても既存債務の弁済に過ぎず、新会社の損金の額には算入できない（法基通14－3－3）。

2　営業権の取扱い

更生計画の定めるところにより設立された新会社が、その設立に当たり更生会社から欠損金に相当する金額を営業権として引継ぎを受けた場合には、以下のとおり扱われる（法基通14－3－2）。

(1)　更生会社から受け入れた資産に含み益のあるものがある場合には、その含み益のある資産につき、その受入価額にその営業権の受入価額に達するまでの含み益に相当する金額を加算した金額に相当する帳簿価額により受け入れたものとし、その営業権の受入価額については、当該含み益に相当する金額を減額する。

(2)　営業権の受入価額になお残額がある場合には、その残額につき、更生会社

の営業権の価額として相当であると認められる価額を限度としてその営業権の受入れを認める。

3　減価償却資産の耐用年数の見積り等

新会社が更生会社から減価償却資産を受け入れた場合の耐用年数は、通常の中古資産の取得と同様に法定耐用年数又は見積り年数を用いる。また、更生会社が特別償却の適用を受けていたとしても新会社においてその特別償却の適用はない（法基通14－3－4）。

4　貸倒引当金等の引継ぎ

更生計画の定めるところにより、更生会社の有する貸倒引当金等、法に規定する引当金を引き継いだときは、当該引当金は新会社のその引き継がれた日に設けている引当金とみなされる（法基通14－3－5）。

5　不動産取得税の特例

更生計画において、新会社に移転させる不動産を定めた場合には、その不動産の移転については、不動産取得税は非課税とされている（地方73の7二の4）。

第 5 節　更生手続における事業譲渡

　更生計画外事業譲渡の場合、資産評価替えが行われる前に譲渡されることがあり、例えば譲渡対象資産につき含み益があるような場合に当該事業譲渡によって譲渡益が発生するが、それは期限切れ欠損金に控除対象にはならない。したがって、譲渡資産に含み益があり、かつ更生会社に期限切れ欠損金があるような場合、更生計画内事業譲渡と更生計画外事業譲渡では期限切れ欠損金の利用の可否に差異が出てくるため、注意が必要である。

1　更生計画外で行う事業譲渡

(1)　時期

　裁判所の運用では、申立てから 1 か月程度で開始決定がなされることとされているため、更生手続開始後、更生計画案を決議に付する旨の決定がされるまでの間において、管財人は、裁判所の許可を得て、更生会社の営業の全部又は重要な一部を譲渡することができる（会社更生46②前段）。また、管財人が更生計画案を裁判所に提出した後でも、これを関係人集会等の決議に付する旨の決定がされるまでは、計画外での営業譲渡が許される。

(2)　債権者、労働組合等からの意見聴取

　裁判所は営業譲渡の許可をする場合は、更生会社が把握している更生債権者、更生担保権者及び労働組合等に意見を聴くことが求められる（会社更生46③）。裁判所はこれらの者の意見を聴取しなければならないが、意見に従うことまでは必要とされていない。

(3)　株主の手続参加

　更生会社が債務超過である場合を除き、管財人はあらかじめ、①譲渡の相手方、時期、対価及び譲渡対象となる営業の内容、及び②譲渡に反対する意思を有する株主は、公告又は通知があった日から 2 週間以内にその旨を書面で管財人に通知

すべき旨を公告し、又は株主に通知しなければならない（会社更生46④）。

　譲渡に反対する旨を書面で管財人に通知した株主の議決権が総株主の議決権の3分の1を超えるときは、裁判所は営業譲渡の許可をすることはできない（同条⑦二）。これは株主総会における特別決議の要件である出席株主の議決権の3分の2以上の賛成に比べれば、はるかに更生会社にとって容易な手続であるといえる。

　なお、更生会社が債務超過の状態にあるときは、株主の手続参加は認められない（同条⑧）。

(4)　裁判所の許可

　裁判所に対する許可の申立ては株主への通知又は公告があった日から1か月以内になされなければならない（会社更生46⑦一）。更生会社が債務超過の場合には、債権者、労働組合等から意見聴取が終わった時点で許可することができる。裁判所の許可を得ないでした営業譲渡は無効となるが、善意の第三者には無効を対抗できない（同条⑨）。

2　更生計画で行う事業譲渡

　更生計画案に、その内容の一つとして営業譲渡を定め、関係人集会における更生計画案の決議と裁判所の認可を経て、営業譲渡を行うことができ、これが会社更生法における原則的な方法である（会社更生46①本文）。

　更生計画案の可決に当たっては、関係人集会において、議決権を行使することができる株主の議決権総数の過半数の同意も必要である（同法196⑤三）。会社法の規定によれば、事業の全部譲渡も重要な一部の譲渡も、これを株式会社がなす場合には株主総会の特別決議を経る必要があるが（会社467①一、二）、特別法に当たる会社更生法がこのような形で株主の手続参加を定めているので、株主総会の特別決議は不要となる。

3　更生計画認可後、更生手続終了前の事業譲渡

　更生計画に定めのない事業譲渡を計画認可後に行うためには、更生計画の変更手続が必要である（会社更生233）。前記 1 の計画外の事業譲渡は更生計画案を決議に付する旨の決定がされるまでの間に限られるから（同法46②）、既に計画案が決議され裁判所に認可された後はこれによることはできない。また、前記 1 の場合を除き、更生会社の事業又は重要な一部の譲渡は、更生手続開始後その終了までの間は、更生計画の定めるところによらなければならない（同条①本文）。したがって、この時点における事業譲渡は更生計画の定めを変更する手続によるしかない。

　更生計画の変更が更生債権者又は株主等に不利な影響を及ぼすものでないときは、関係人集会の決議を要することもなく（会社更生233②）、裁判所の決定だけで変更することができる。事業譲渡が更生債権等への弁済計画に影響を与えない場合や、事業譲渡代金によって更生債権等の弁済が繰り上げて実施されるような場合は、不利な影響を及ぼすものではないことになる。

第6節　債権者の税務

1　個別貸倒引当金の設定

(1)　更生手続開始の申立てがあったときの個別貸倒引当金

　会社更生手続の場合と同様、債権を個別評価して、引当金銭債権の額の50％相当額について貸倒引当金を、損金経理により個別評価金銭債権に係る貸倒引当金として計上をすることができる（法人52、法人令96①三）。

(2)　更生計画認可の決定時の個別貸倒引当金

　更生計画認可決定がなされた場合、当該債権につき弁済猶予又は分割弁済を受けることとなった債権者は、更生計画において弁済されることになった金銭債権のうち、更生計画認可の決定日の属する事業年度終了の日の翌日から5年を経過する日までに弁済されることとなっている金額以外の金額を、損金経理により個別評価金銭債権に係る貸倒引当金として計上することができる（法人52①、法人令96①一イ）。

2　貸倒損失の計上

(1)　更生計画認可の決定時の貸倒損失

　更生計画認可決定により切り捨てられ、回収ができなくなった債権金額については、貸倒損失として損金処理を行うことができる（法基通9－6－1、所基通51－11）。

(2)　全額回収不能の場合の貸倒損失

　必ずしも会社更生の場合に限られるものではないが、債務者の資産状況、支払能力等からみてその全額が回収されないことが明らかになった場合には、その明らかになった事業年度において損金経理をすることにより、貸倒れとして損金に算入することができる。この場合、担保の提供がある場合には、担保物の処分が行われていることが必要である（法基通9－6－2）。

▶損金算入限度額

ア　会社更生手続開始の申立てが行われたとき

繰入限度　＝　回収不能見込額　×　50％

回収不能見込額　＝　| 債務者に対して有する金銭債権 |　－　| 実質的に債権と認められない金額（法基通11－2－9） |　－　| 担保権の実行による回収可能見込額 |

イ　会社更生計画認可の決定等が行われたとき

繰入限度　＝　繰入対象債権　×　100％

繰入対象債権額　＝　| 更生計画認可の決定により弁済されることになった金銭債権の全額 |　－　| 更生計画の認可決定日が属する事業年度終了日の翌日から5年内に弁済予定の金額 |　－　| 担保権の実行による回収可能見込額 |

3　更生手続において DES が行われた場合

　債務の弁済に代えて更生会社が発行する株式を新たな払込みをしないで取得したとき（DES が行われた場合）は、その取得時の時価を取得価額とすることができる（法基通14－3－6）。債権者が個人の場合、当該取得した株式の価額の合計額が当該新株の割当ての基礎とされた債権額に満たないときは、その差額に相当する金額を貸倒れとすることができる（所基通51－14）。

　DES により消滅する債権額と取得する株式の価額との差額については、貸倒損失として処理されることになる（法基通14－3－6、9－6－1⑴、所基通51－14）。

▶債権者の取扱い

対象	事実	特例規定等の内容		該当法令
法人債権者	会社更生手続開始の申立てが行われたとき	貸倒引当金	金銭債権に対し50%の貸倒引当金の繰入れが認められる。（個別評価金銭債権）	法人52①、法人令96①三、
	会社更生計画認可の決定が行われたとき	貸倒損失	切り捨てられた債権について貸倒損失の損金算入が強制される。	法人22③三法基通 9 － 6 － 1
		貸倒引当金	5 年を超えて弁済される予定の金銭債権に対して、100%の貸倒引当金の繰入れが認められる。（個別評価金銭債権）	法人52①、法人令96①一
		DESと債権譲渡損失	会社更生法の更生計画により、債権を現物出資し債務者から新株の割当てを受けた場合には、債権の額と新株の時価との差額は損失となる。	法人22③三法基通14－3－6
		失権した債権の貸倒損失	会社更生手続の場合、債権の届出をせずに失効した債権は、更生計画が認可された時点で貸倒れとすることができる。	法人22③三法基通14－3－7
	任意整理における債権放棄（子会社等を再建する場合の無利息貸付等）	貸倒損失	合理的な再建計画に基づき、子会社等に対し債権放棄を行った場合には、寄附金とはされず全額損金に算入される。	法人22③三法基通 9 － 4 － 2
個人債権者	会社更生手続開始の申立てが行われたとき	貸倒引当金	不動産所得、事業所得、山林所得を得るべき事業遂行上生じた債権（個別評価貸金等）について、50%貸倒引当金の繰入れが認められる。	所得52①、所得令144①三
	会社更生計画認可の決定が行われたとき	貸倒損失	不動産所得、事業所得、山林所得を得るべき事業遂行上生じた債権（個別評価貸金等）について、切り捨てられた債	所得51②、所得令144①一

			権額の必要経費算入が強制される。	
		貸倒引当金	不動産所得、事業所得、山林所得を得るべき事業遂行上生じた債権（個別評価貸金等）について、5年を超えて弁済される予定の金額について100％の貸倒引当金の繰入れが認められる。	所得52①、所得令144①一
		DESと債権譲渡損失	更生債権者が更生計画により、新たな払込み又は現物出資をしないで更生会社の新株を取得した場合には、新株価額と割当ての基礎となった債権額との差額を貸倒れとすることができる。	所得51②所基通51－14
		失権した債権の貸倒損失	会社更生手続の場合、債権の届出をせずに失効した債権は、更生計画が認可された時点で貸倒れとすることができる。	所得51②所基通51－16

第6章　特別清算

第1節　特別清算手続の特徴

　特別清算とは、清算中の株式会社に、①清算の遂行に著しい支障を来すべき事情があること、②債務超過の疑いがあることのいずれかの事由がある場合に、利害関係人の申立てによって開始される特別な清算手続をいう（会社510）。

　特別清算は、協定型が原則であるが、実際の利用は圧倒的に個別和解型が多数となっている。

　協定型とは、清算株式会社が、債権者の権利の全部又は一部について債務の減免等の変更の基準を定めた協定案を作成し、これが債権者集会の特別多数決（出席した議決権者の過半数の同意、かつ、議決権者の議決権の総額の3分の2以上の議決権を有する者の同意）で可決され（同法567①）、さらに裁判所の認可決定が確定すると、債権者の債権の内容が協定の規定に従って変更、減免されるものである。その協定を履行することにより、特別清算は終了する。

　これに対し、個別和解型とは、裁判所の許可を得た上で、清算株式会社が全債権者と債権の減免などを内容とする和解契約を個別に締結するものである。その和解契約に基づく弁済を行うことにより、特別清算は終了する。

　親会社が子会社を整理する際に、貸倒損失を計上するために特別清算手続が利用され、個別和解型であることがほとんどであり、特別清算をすることによって、親会社の債権放棄を貸倒れとして損金処理することが可能となる。

　その場合には、親会社以外の債権者には事前に弁済をしたり、親会社が債務を引き受けたりすることにより、債権者が親会社1社のみとなることが多く、清算

株式会社にとってメリットが大きい。

第2節 子会社の清算

1 親会社の課税関係

特別清算手続を利用することにより、親会社は、子会社に対する債権放棄を寄附金として認定されることなく（法基通9－4－1）、一定の要件の下に、当該事業年度に貸倒れとして損金処理できる（同通達9－6－1(2)）。

2 子会社の課税関係

他方、子会社においては、平成22年度税制改正により、清算所得課税が廃止されたため、清算会社（子会社）の債務免除益について、それに対応する額の損金がないと、法人税の課税が生じ得ることになった。そのため、特別清算手続において、親会社からの債権放棄を受けたことによって、清算会社たる子会社に債務免除益が生ずる場合には、期限切れ欠損金の損金算入などにより、法人税の課税がなされないように処置を行う必要がある（法人59②、③）。

3 事業再生の手段としての利用

特別清算は、事業再生の手段としても活用されている。

経営破綻寸前の株式会社について、事業価値のある事業や優良資産は株主総会の特別決議によって別会社に事業譲渡し（会社467）、不良資産と負債が残った譲渡会社を特別清算手続で清算する手法である。

民事再生等の法的再建スキームの利用が困難なケースで用いられ、会社法は、協定案の可決要件を総議決権額の点において4分の3以上から3分の2以上に緩和し、特別清算の利用の促進を図っている（同法567①）。

第3節　特別清算手続の流れ

　特別清算の清算会社は、清算会社の本店所在地を管轄する地方裁判所の監督に属し（会社519①、868①）、清算人が行う一定の行為（例えば、事業の全部又は事業の重要な一部の譲渡、最高裁判所規則で定める額を超える会社財産の処分、借財等）については、原則として、裁判所の許可、また、債務の弁済は、債権額の割合によることを要するものとされている（同法535①、536①、537①、会社規152、破産78③参照）。

　特別清算は、原則として、債権者集会の多数決議で成立させた協定に従って、債権者に弁済した上、残債権を放棄（債務免除）してもらうことで、資産と負債をいずれもゼロにして、清算手続を終結させることになる。

▶特別清算の流れ

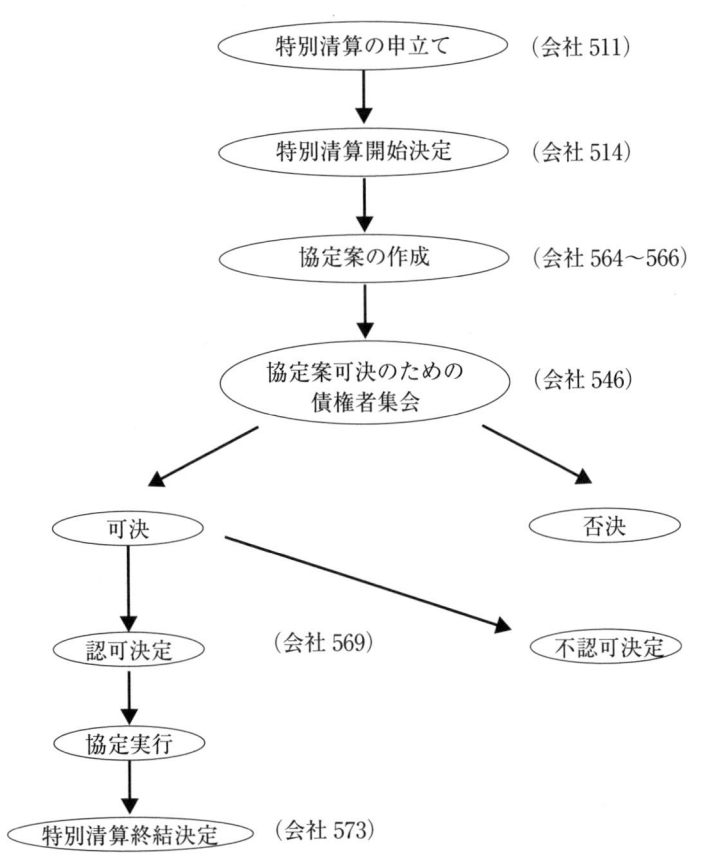

1　特別清算開始の申立て

　特別清算の開始原因は、①通常清算の遂行に著しく支障となる事情がある場合と、②債務超過の疑いがある場合である（会社510）。

　特別清算を申し立てる多くのケースは、親子会社等の企業グループ間の債権債務の処理を目的とする場合や、債権者の同意の下、事業譲渡後に譲渡会社を清算するような場合であり、当初から特別清算を申し立てることを予定しているので、株主総会において、解散決議と清算人選任の決議を行った後、直ちに、特別清算

開始を申し立てることが一般的である。

特別清算開始の申立権者は、清算人、監査役、債権者又は株主であり（同法510、511①）、これを受けて、裁判所は、特別清算開始原因があると認められる場合に、特別清算開始の命令をすることで開始することになる（同法514）。

2　特別清算開始命令と効果

(1)　特別清算開始命令の発令要件

特別清算開始の申立てがあった場合には、裁判所は、特別清算開始の原因となる事由があると認められ、かつ特別清算開始の障害事由がなければ、特別清算開始の命令をする（会社514）。特別清算開始の障害事由としては、次の四つがあげられている。

　ア　特別清算の手続の費用の予納がないとき

　イ　特別清算によっても清算を結了する見込みがないことが明らかであるとき

　ウ　特別清算によることが債権者の一般の利益に反することが明らかであるとき

　エ　不当な目的で特別清算開始の申立てがされたとき、その他申立てが誠実にされたものでないとき

特別清算開始命令があったときは、裁判所書記官は、職権で、遅滞なく、清算株式会社の本店の所在地を管轄する登記所に特別清算開始の登記を嘱託しなければならない（同法938①一）。

(2)　特別清算開始命令の効果

特別清算開始命令があると、清算株式会社に対する破産手続開始の申立てや、清算株式会社の財産に対する強制執行等の申立てが禁止される。また、既になされている強制執行等の手続は中止された上で、特別清算開始命令が確定すると特別清算手続との関係で効力を失うこととなる（会社515）。ただし、一般の先取特権その他一般の優先権がある債権に基づく強制執行等はこのような制限を受けない。

⑶　協定債権

　清算株式会社に対する債権者の債権のうち、一般の先取特権その他一般の優先権がある債権、特別清算手続のために清算株式会社に対して生じた債権及び特別清算手続に関する清算株式会社に対する費用請求権を除いたものを、協定債権という（会社515③）。協定債権は特別清算手続に服する債権となり、個別和解型の場合を除けば、基本的には債権者集会で可決され裁判所の認可を受けた協定に従って弁済されるのが原則であるが、協定を待たずに弁済がなされる際には、それが特別清算開始以降の場合には、当該協定債権者の債権額の割合に応じて弁済しなければならないという制約を受ける（同法537①）。

⑷　担保権

　担保権は、特別清算手続には服さず、担保権者はこれを随時実行できる。ただし、担保権者が担保権の実行をしない場合には、清算株式会社が自ら民事執行その他の強制換価手続を利用することができ、その場合には無剰余取消しの定めは適用されない（会社538②、③）。担保権の処理に関して清算株式会社側にこのようなイニシアチブが認められていることが、手続の迅速性に寄与している。

3　特別清算開始後の手続

⑴　清算人の役割

　特別清算開始命令があると、清算株式会社の清算は、裁判所の監督に属し（会社519①）、裁判所は、清算株式会社に対していつでも状況報告を命じ、必要な調査をすることができる（同法520）。清算株式会社における清算事務自体は清算人が遂行し、財産の換価なども清算人が行う（同法538）。

⑵　清算株式会社の行為制限

　特別清算開始命令があると、清算株式会社が①財産の処分、②借財、③訴えの提起、④和解又は仲裁合意、⑤権利の放棄、⑥その他裁判所の指定する行為、⑦事業の全部又は重要な一部の譲渡を行う場合には基本的に裁判所の許可を得なければならない（会社535、536）。

4 債権者集会

　清算人には財産目録等の作成義務があり（会社492①）、特別清算開始命令があるときは、財産目録等の作成が完了すると遅滞なく債権者集会を招集し、清算会社の業務及び財産の状況の調査の結果並びに財産目録等の要旨を報告するとともに、清算の実行の方針及び見込みに関して意見を述べなければならない（同法562）。債権者集会を招集するに当たっては、集会の日時、場所、目的事項など法定の事項を定めた上で（同法548）、債権届出をした協定債権者その他清算株式会社に知れている協定債権者等に対して集会日の二週間前までに書面で通知しなければならい（同法549）。各協定債権の議決権行使の拒否及びその額については清算株式会社が定める（同法548②、③）。

5 協定の作成、認可

(1) 協定の内容

　協定の内容としては、会社法第564条第2項に協定債権の変更の例示としての債務の減免と期限の猶予があげられ、権利変更の一般的基準を定めるべきことが規定されている。協定による権利変更の内容は、協定債権者の間では平等でなければならないとされつつ（会社565）、不利益を受ける協定債権者の同意がある場合又は少額の協定債権について別段の定めをしても衡平を害しない場合その他協定債権者の間に差を設けても衡平を害さない場合には差別的取扱いも許されることとなっている。したがって、特別清算及び協定の目的に従い、公平、平等原則に反しない限り、各協定債権者が有する債権の性質や各協定債権者の立場などに応じて権利変更の内容に差異を設けるなどして、創意工夫によって柔軟な協定を策定することが許容される。

(2) 協定の成立

　清算株式会社が債権者集会に協定の申し出をすると、債権者集会においては、①出席した議決権者の過半数の同意、かつ、②議決権者の議決権の総額の3分の2以上の議決権を有する者の同意が得られることによって協定が可決される（会

社567)。協定が可決されたときは、清算株式会社は、遅滞なく、裁判所に対し、協定の認可の申立てをしなければならない（同法568）。協定認可の申立てがあった場合、裁判所は、協定認可事由が存在することにより不認可決定をする場合を除き、協定の認可を決定する（同法569）。

(3)　協定の効力

協定は、裁判所による認可決定が確定することにより、その効力を生ずることとされている（会社570）。すなわち、認可決定が確定すると、債務の減免や期限の猶予等の協定の内容が効力を生じ、協定債権の内容がそれに従って変更されることとなる。他方、協定は、清算株式会社の保証人等には効力が及ばないとされているため（同法571①）、協定で債務の減免が定められていたとしても、当該債務の保証債務が減免されることにはならない（保証債務の付従性の例外）。

6　特別清算終結の決定

(1)　特別清算手続の終了事由

特別清算手続の開始後、①特別清算が結了したとき、又は、②特別清算の必要がなくなったときには、清算人、監査役、債権者、株主又は調査委員の申立てにより、裁判所が特別清算終結の決定を行う（会社573）。

(2)　職権による破産手続開始の決定

裁判所は、①協定の見込みがないとき、②協定の実行の見込みがないとき、あるいは、③特別清算によることが債権者の一般の利益に反するときで清算株式会社に破産手続開始の原因となる事実があると認められるときは、職権で破産手続開始の決定をしなければならないとされている（会社574①）。また、裁判所は、①協定が否決されたとき、あるいは、②協定の不認可の決定が確定したときで、清算株式会社に破産手続開始の原因となる事実があると認めるときは、職権で破産手続開始の決定をすることができる（同条②）。

第 4 節　特別清算における租税債権の取扱い

　会社法では、協定債権の範囲を明確化し（会社515③）、租税債権等の公租公課は優先権のある債権とされているので（徴収8、9、地方14、14の2）、債務弁済の制限を受けず、弁済することができる。

1　租税債権の取扱い

　特別清算では、協定の対象となる債権は、債権者集会で可決された協定に基づいて減免される（会社564、571）。よって、協定の対象となる債権の範囲が重要となり、会社法では、清算会社に対する債権のうち、①先取特権その他一般の優先権のある債権、②特別清算手続のために生じた債権、③特別清算手続に関する費用請求権を除いたものが協定の対象となる債権、すなわち「協定債権」となる（同法515③）。

　租税債権等の公租公課は、私債権等に対して優先性を有するとされているので（徴収8、9、地方14、14の2、国民健康保険法80④、厚生年金保険法88、国民年金法98）、上記①に該当し、「協定債権」に含まれない。

　よって、租税債権は債務弁済の制限を受けず、債権届出期間中は裁判所の許可を得て弁済することができ、債権届出期間経過後は随時弁済することができる。

　また、租税債権のような優先債権については、強制執行、仮差押え又は仮処分の手続中止を求めることもできない（会社512①二かっこ書、515）。

2　清算人等の第二次納税義務

　法人が解散した場合において、その法人に課されるべき、又はその法人が納付すべき租税を納付しないで残余財産の分配をした場合は、清算人及び残余財産の分配を受けた者は、その滞納税金の第二次納税義務を負う（徴収34①、地方11の3①）。

　未納税額がある場合、清算結了登記がされていても、これを納付するまでは清算中の法人として存続しているものとして取り扱われる（法基通1－1－7）。

(1)　課されるべき又はその法人が納付すべき租税

　国税徴収法第34条第1項（地方11の3①）の「法人に課されるべき、又はその法人が納付すべき国税」とは、法人が結果的に納付しなければならないこととなるすべての租税をいい、解散の時又は残余財産の分配若しくは引渡しの時において成立していた租税に限られない取扱いとしている（徴基通34－2）。したがって、結果的にその法人が納付しなければならないことになる租税を納付しなかったことをいい（最高裁平成6.10.25判決、租税徴収関係裁判例集402（2416頁））、解散時又は残余財産の分配、引渡しの時において成立した租税に限定されることはない。

(2)　清算結了登記後に確定した租税との関係

　解散法人が納付すべき租税を完納することなく、清算結了の登記をした場合には、その登記により解散法人の法人格は消滅し、これらの納税義務が消滅することとなり、清算人等の第二次納税義務は負わないのではないかとの疑問がある。しかし、このような清算結了の登記は、適法な清算結了を前提としたものではなく、実体的には清算がまだ結了していない段階にあるわけであるから、清算結了の登記には効力がなく、法人は清算の目的のために必要な範囲においてなお存続し、法人の納税義務は消滅しないので、解散した法人に納税義務があり、第二次納税義務も負わせることができる（徴基通34－13）。

(3)　清算人

　法人が解散した場合には、取締役等が清算人となる（会社478、647）。

　国税徴収法第34条第1項の規定により第二次納税義務を負う清算人は、残余財産の分配又は引渡しをした清算人であるが、その分配等が清算人会の決議に基づいて行われた場合にその決議に賛成した清算人は、その分配等をしたものとみなされる。二人以上の清算人が共同行為により分配等をした場合は、その分配等をした財産の価額の全額について、それぞれ第二次納税義務を負う。

第5節　特別清算会社の税務

特別清算会社は、通常の法人とは実態が異なり、通常の法人では起こらない取引や行為が生じるところから、次の制度が適用される。

① 解散した場合のみなし事業年度

② 解散による残余財産の分配に伴うみなし配当

③ 清算中法人の圧縮記帳の不適用、特定同族会社の留保金課税の不適用、中間申告の不適用

④ 期限切れ欠損金の控除

⑤ 解散し残余財産がないと見込まれる場合の控除期限切れの欠損金の控除

⑥ 残余財産が確定した場合の粉飾決算による過大納付法人税の還付

1　事業年度

解散した法人の事業年度は、以下の三つに区分され、各事業年度の所得に対する法人税を申告しなければならない（法人14、74①、②）。

▶事業年度の区分

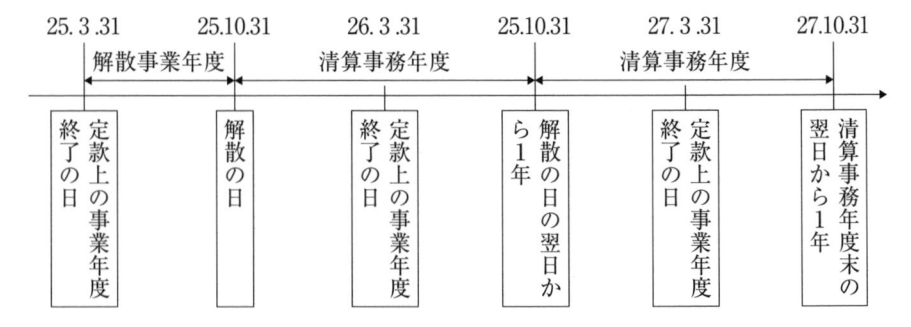

(1)　解散事業年度

　会社法上、株式会社が解散すると、定款上の事業年度は解散の日が終了し、解散の日の翌日から各1年の期間の清算事業年度が開始する（会社494①）。

　法人税法上も、株式会社が事業年度の中途において解散した場合、その事業年度開始の日から株主総会決議による解散決議がなされた日までを1事業年度とみなし、その翌日から清算事業年度が開始する（法人14①一。みなし事業年度）。解散の日とは、解散決議のあった日その他法定の解散事由が発生した日（会社47①）であって、解散登記の日ではない（法基通1－2－4）。

　また、清算事業年度の中途で残余財産が確定した場合には、その事業年度開始の日から残余財産の確定日までの期間が1事業年度（清算確定事業年度）とみなされる（法人14①二十一）。

　解散事業年度の申告は確定申告であり、申告期限は、解散の日の翌日から2か月以内である（同法74①）。ただし、提出期限の延長の承認を受けて提出期限を3か月に延長していた時には、解散事業年度についても延長が認められる（同法75の2①）。

　清算人が申告義務を負う。

(2)　清算事業年度

　特別清算の場合は、解散の日の翌日から1年の期間（会社法上の清算事業年度。会社494、法人13①、14①）が最初の事業年度となり（法基通1－2－9）、以後も同様に、清算事業年度が繰り返される。

　解散後に生じた各清算事業年度の所得について、各清算事業年度終了の日の翌日から2か月以内に、確定申告をしなければならない（法人74①）。なお、中間申告の必要はない（同法71①）。

　清算人が申告義務を負う。

(3)　清算確定事業年度

　清算中の会社の残余財産が事業年度の中途において確定した場合に、その事業年度開始の日から残余財産の確定の日までの期間をいう（法人14①二十一）。申告

期限は、事業年度終了の日の翌日から1か月以内である（同法74②）。

　残余財産の確定日の属する事業年度については、確定申告書の提出期限の特例は適用されないから注意が必要である（同法75の2①）。

　清算人が申告義務を負う。

　なお、会社が解散した場合において、その会社に課されるべき、又はその会社が納付すべき税金を納付しないで残余財産の分配をした場合は、清算人及び残余財産の分配を受けた者は、その滞納税金の第二次納税義務を負う（徴収34①、地方11の3①）。

　未納税額がある場合、清算決了登記がされていても、これを納付するまでは清算中の会社として存続しているものとして取り扱われる（法基通1-1-7）。

2　清算会社に対する課税

(1)　通常の所得課税への移行

ア　概要

　平成22年度改正により通常の所得課税へ移行したことに伴い、債務超過会社が清算する場合に債権者から債務免除を受けることによって生ずる債務免除益についても、清算中に終了する事業年度の所得の計算上、益金に算入されることになった。したがって、その事業年度においてこの債務免除益に見合う損金がない場合には、課税が生ずることとなるが、期限切れ欠損金を損金に算入できるとされ、平成22年10月1日以後に解散した解散会社については、残余財産がないと見込まれるときは、その清算中に終了する事業年度前の各事業年度において生じた欠損金額で一定のものについては、その清算中に終了する事業年度の所得の金額の計算上、損金の額に算入することとされた（法人59③）。

イ　期限切れ欠損金の算定方法

　会社が解散した場合において、残余財産がないと見込まれるときには、その清算中に終了する事業年度において、青色欠損金等の控除後の所得の金額を限度として、期限切れ欠損金が損金の額に算入されることとされた。この場合の

期限切れ欠損金とは、次の(a)の金額から(b)の金額を控除した金額をいう（法人令118）。期限切れ欠損金の取扱いについては、この節の5期限切れ欠損金の取扱いで詳説する。

(a)　その清算中に終了する事業年度終了の時における前事業年度以前の事業年度から繰り越された欠損金額の合計額

　　なお、上記の「欠損金額の合計額」とは、会計上の金額ではなく、税務上の金額によることとなるが、具体的には、当該適用年度の確定申告書に添付する法人税申告書別表五㈠「利益積立金額及び資本金等の額に計算に関する明細書」の「期首現在利益積立金額①」の「差引合計額31」欄に記載されるべき金額がマイナスである場合のその金額によるものとされている（法基通12−3−2）。

(b)　その清算中に終了する事業年度の所得の計算上損金の額に算入される青色欠損金額又は災害損失欠損金額

ウ　残余財産がないと見込まれることの意義と説明書類

　解散した会社が当該事業年度終了の時において債務超過の状態にあるときには、「残余財産がないと見込まれるとき」に該当するものとされている（法基通12−3−8）。

　また、期限切れ欠損金の損金算入を行う場合には、確定申告書に解散の場合の欠損金の損金算入に関する明細（法人税申告書別表七（二））の記載があることのほか、「残余財産がないと見込まれることを説明する書類」の添付が必要となるが、この書類については、例えば、会社の清算中に終了する各事業年度終了の時の実態貸借対照表が該当することとされている（法基通12−3−9）。なお、実態貸借対照表とは、当該会社の有する資産及び負債の価額により作成される貸借対照表をいうが、当該実態貸借対照表を作成する場合における資産の価額は、原則として、当該事業年度終了の時における処分価額によることとなる。

エ　欠損金の繰戻し還付

　欠損金の繰戻し還付制度は、令和2年3月31日までに終了する事業年度までは、中小企業者等に関する一部例外を除き適用しないという特例が設けられているが（措置66の13）、解散事業年度及び清算中の各事業年度についてはこの特例が除外されていることから、中小企業者等以外の法人についても欠損金の繰戻還付を請求できる（同条ただし書）。

　欠損金の繰戻し還付は、第2章税務申告及び請求等の第4節欠損金の繰戻しによる還付を参照。

(2)　平成22年度新税制下の株主に対する課税

　解散した会社の残余財産の分配に係る株主に対する課税は、基本的には、改正前税制における取扱いと同様である。

　ただし、100％子会社の清算等、完全支配関係のあるほかの内国法人の清算の場合においては、その清算法人の株主たる親法人は、清算法人株式についての償却損益を損金又は益金の額に算入することは認められず、一方、清算法人に青色欠損金の残額がある場合には、その青色欠損金を引き継ぐことができるものとされた。

　これらの取扱いの詳細については、本章第8節清算株式会社と株主が完全支配関係にある場合の特例で説明する。

3　清算株式会社の税務（法人税）

(1)　解散事業年度

　清算中の会社は、各清算事業年度終了の日の翌日より2か月（延長法人は3か月）以内に、解散事業年度の所得に係る法人税確定申告書を提出し（法人74①、75の2）、当該法人税額を納付しなければならない（同法77）。

　申告の内容は、通常の事業年度と同じであるが、解散事業年度において特別償却や法人税額の特別控除の適用を受けることはできず、準備金の多くも、解散事業年度及び清算事業年度において適用を受けることはできず、解散事業年度で全

額を取り崩すことになる。

　特別償却準備金の取崩しに関しては、解散後も通常どおり取り崩し、最終事業年度で残額を取り崩す。

　特別清算の開始決定があった場合、破産の場合と同様、次のアからオの各還付請求をすることができる。

　仮装経理に基づく過大申告の場合の更正に伴う法人税額の還付は、一括して受けることができる（法人135④三、法人令175②一）。

ア　欠損金の繰戻し還付請求

　欠損金の繰戻し還付制度とは、青色申告書を提出した事業年度において生じた欠損金額がある場合、その事業年度の開始の日前1年以内に開始したいずれかの事業の所得に対して当該欠損金額が占める割合に相当する金額につき、既に納付済の法人税の還付を請求することができる制度のことをいう（法人80①）。

　清算会社が青色申告法人である場合、解散事業年度又はその前の事業年度の欠損金額については、欠損金の繰戻し還付の制度の利用が可能である（同条⑤、⑥）。

　欠損金の繰戻し還付制度は、青色申告書の提出と同時に行う必要がある（法人80①）。解散事業年度等の確定申告を怠ると、その事業年度以降の青色申告の承認が取り消されてしまい（同法127①四）、その場合、欠損金の繰戻し還付請求はできない。

イ　仮装経理に基づく過大申告の減額更正による還付

　仮装経理とは、架空売上、架空在庫の計上、仕入債務の過少計上などの事実に反する経理のことである。

　清算会社が、各事業年度開始の日前に開始した事業年度（過去の事業年度）において、仮装経理を行い過大な税金を納付した場合には、課税庁による減額更正が行われて還付を受けられることがある。仮装経理により過大に納付された法人税額は、その減額更正の日の属する事業年度後5年以内に開始する各事業年度の所得に対する法人税額から順次控除され（法人70）、更正から5年内

に控除しきれない金額については還付することとされている（同法135③）。

　減額更正を受けられる期限は、仮装経理をした事業年度の申告期限から5年を経過する日までとなり、仮装経理の修正の経理をし、かつ修正の経理をした事業年度の確定申告書を提出する必要がある（同法129①、②）。

　特別清算の開始決定があった場合、破産の場合と同じく、仮装経理に基づく過大申告の場合の更正に伴う法人税額の還付は、一括して受けることができる（法人135④三、法人令175②一）。

ウ　預金利子等に関する源泉所得の還付

　法人の預金利子等の所得には所得税が課せられ（所得174）、これについて源泉徴収がなされる（同法212③）。源泉徴収された所得税額は、確定申告書に所得税額等の控除不足額を記載すれば、還付される（法人68①、78①、74①三）。

エ　外国法人税の還付

　法人が外国法人税を納付した場合、一定の算定式によって計算された金額を限度として、外国法人税の額を当該事業年度の所得に対する法人税の額から控除することができる（法人69①）。控除されるべき金額が法人税額の計算上控除しきれなかった場合には、当該金額に相当する税額を還付される。

オ　中間納付額の還付

　事業年度が6か月を超える法人は事業年度開始の日以降6か月を経過した日から2か月以内に中間申告をしなければならない（法人71）。

　中間申告書を提出した法人が、その申告に係る法人税を納付しているときは（同法76）、確定申告書に中間納付額の控除不足額を記載することにより、その金額に相当する中間納付額が還付される（同法79、74①五）。

　法人住民税、事業税、消費税にも、同様の規定がある（地方17の3、消費55）。

(2)　清算事業年度

　清算事業年度においても、欠損金の繰戻しによる還付（法人80⑥）、仮装経理に基づく過大申告の場合の更正に伴う法人税額の控除・還付（同法70）、預金利子等に関する源泉所得の還付（同法68①）、外国法人税の還付（同法69①）を受け

ることができる。

ア　期限切れ欠損金の損金算入

　内国法人が解散した場合に、残余財産がないと見込まれるときは、青色欠損金及び災害欠損金以外の欠損金（以下「期限切れ欠損金」という。）について、青色欠損金等の控除後（かつ最終事業年度の事業税の損金算入前）の所得金額を限度として、損金算入が認められる（法人59③、法人令118）。

イ　残余財産がないと見込まれることの意義と説明書類

　特別清算の開始決定がなされた場合は、「残余財産がないと見込まれる時」に該当し、また、特別清算開始決定の写しはこの適用を受ける場合に必要となる「残余財産がないと見込まれることを説明する書類」に該当する（法人規26の6③）。

ウ　実在性のない資産

　法人が解散した場合における期限切れ欠損金額の損金算入措置の適用上、実在性のない資産については、過去の帳簿書類等の調査結果に応じて、それぞれ次のとおり取り扱う（国税庁「平成22年度税制改正に係る法人税質疑応答事例（グループ法人税制その他の資本に関係する取引等に係る税制関係）（情報）」問11実在性のない資産の取扱い）。

① 　過去の帳簿書類等を調査した結果、実在性のない資産の計上根拠（発生原因）等が明らかである場合

　　実在性のない資産の発生原因が更正期限内の事業年度中に生じたものである場合には、法人税法第129条第1項の規定により、法人において当該原因に応じた修正の経理を行い、かつ、その修正の経理を行った事業年度の確定申告書を提出した後、税務当局による更正手続を経て、当該発生原因の生じた事業年度の欠損金額（その事業年度が青色申告の場合は青色欠損金額、青色申告でない場合には期限切れ欠損金額）とする。

　　実在性のない資産の発生原因が更正期限を過ぎた事業年度中に生じたものである場合には、税務当局による更正手続はないものの、実在性のない資産

は当該発生原因の生じた事業年度に計上したものであることから、法人において当該原因に応じた修正の経理を行い、その修正の経理を行った事業年度の確定申告書上で、仮に更正期限内であればその修正の経理により当該発生原因の生じた事業年度の損失が増加したであろう金額をその事業年度から繰り越された欠損金額として処理する（期首利益積立金額から減算する。）ことにより、当該発生原因の生じた事業年度の欠損金額（その事業年度が青色申告であるかどうかにかかわらず期限切れ欠損金額）とする。

② 過去の帳簿書類等を調査した結果、実在性のない資産の計上根拠（発生原因）等が不明である場合

　裁判所が関与する破産等の法的整理手続、又は、公的機関が関与若しくは一定の準則に基づき独立した第三者が関与する私的整理手続を経て、資産につき実在性のないことが確認された場合には、実在性のないことの客観性が担保されていると考えられる。このように、客観性が担保されている場合に限っては、その実在性のない資産がいつの事業年度でどのような原因により発生したものか特定できないとしても、その帳簿価額に相当する金額分だけ過大となっている利益積立金額を適正な金額に修正することが適当と考えられる。したがって、このような場合にあっては、法人において修正の経理を行い、その修正の経理を行った事業年度の確定申告書上で、その実在性のない資産の帳簿価額に相当する金額を過去の事業年度から繰り越されたものとして処理する（期首利益積立金額から減算する。）ことにより、期限切れ欠損金額とする。

(3)　清算確定事業年度（残余財産の確定の日を含む事業年度）

　清算確定事業年度においても、清算事業年度において受けられる各還付を受けられる。

　なお、仮装経理に基づく過大申告の場合の更正に伴う法人税額の還付の特例につき、清算事業年度において控除しきれなかった金額がある場合には、当該金額を還付することとされている（法人135③一）。

清算確定事業年度についても、残余財産がないと見込まれるときは、期限切れ欠損金の損金算入ができる。その内容は、通常の清算事業年度に係るものと同様である（同法59③）。

所得計算に当たり、留意する事項は次のとおり。

ア　金銭以外の資産による残余財産の分配又は引渡しによる譲渡損益

清算人の会社が残余財産の全部の分配又は引渡し（適格現物分配（法人２十二の15）に該当する場合を除く。）によりその有する資産の移転をするときは、当該残余財産の実際の分配又は引渡しの時ではなく、残余財産の確定の時の価額により譲渡したものとして、残余財産の確定日の属する事業年度の所得の金額を計算する（同法62の５①、②）。

残余財産の確定の時とは、一般的には、債権の取立て、資産の換価、債務の弁済が終了し、残余財産として分配すべき額が確定した時点とすれば足りると解されている。また、債務超過会社においては、弁済不能債務全額について債務免除を受け、分配すべき残余財産がないことが確定したときとなるものと解されている。

イ　清算確定事業年度に係る事業税

事業税の損金算入時期は、原則として納税申告書が提出された日の属する事業年度とされているが（法基通９−５−１）、平成22年度改正により、清算確定事業年度に係る確定申告においては、同事業年度に係る事業税の額は、その事業年度の損金の額に算入することとされた（法人62の５⑤）。

ウ　清算中の各事業年度における交際費等

平成22年度改正により、清算中の各事業年度においても交際費等の損金不算入の規定が適用されることとなった（措置61の４①）。

4　解散会社の税務（消費税、住民税、事業税）

(1)　消費税

消費税については、清算株式会社においても解散前と同じように課税される。

法人の消費税の課税期間は、法人税法上の事業年度とされていることから（消費19①二、2①十三）、解散事業年度、各清算事業年度及び清算確定事業年度につき、消費税の申告、納付をする必要がある。

(2) 住民税・事業税

住民税（都道府県民税、市町村税）、事業税については、清算株式会社においても法人税の申告に準じた取扱いになっており、法人税について解散事業年度の所得に係る確定申告、各清算事業年度の所得に係る確定申告、清算確定事業年度の所得に係る確定申告をするときには、併せて住民税、事業税についても申告、納付をする必要がある（地方53①、72の29①、32①の8①）。

5 期限切れ欠損金の取扱い

(1) 債務免除等があった場合の欠損金の損金算入

法人について会社法の規定による特別清算開始の命令があった場合において、次の(2)期限切れ欠損金を利用できる一定の場合に該当するときは、(3)の損金算入限度額に達するまでの金額をその該当することとなった事業年度の損金の額に算入する（法人59③、法人令117二、118、法基通12－3－2 ～12－3－6）。

また、この期限切れ欠損金額の損金算入の適用を受ける場合には、その欠損金額に相当する金額の損金算入に関する明細書（法人税申告書別表七（一）及び七（三））の記載があり、かつ、残余財産がないと見込まれることを説明する書類を法人税確定申告書に添付する必要がある（法人59④、法人規26の6三）。

なお、この欠損金の損金算入規定は、清算予納申告の段階において適用される。

(2) 期限切れ欠損金を利用できる一定の場合

期限切れ欠損金を利用できる一定の場合とは、次の①、②の場合をいう。

① 特別清算開始前の原因に基づいて生じた債権を有する者からその債権につき債務免除を受けた場合

② 特別清算開始に伴う役員若しくは株主等から私財提供を受けた場合

⑶　損金算入限度額

　次のうち最も少ない金額が損金算入限度額となる。すなわち、期限切れ欠損金額（下記の②）のうち、課税所得の原因となり得る免除益等相当額（下記の①）に達するまでの金額が損金算入されるが、その損金算入額は当期の所得金額（下記の③）を超えることはできないという意味である。

①　債務免除額と私財提供された金銭その他の資産の価額の合計額

②　繰越欠損金額（法人税の申告書の別表五（一）Ⅰ「期首現在利益積立金額」の差引合計額のマイナス記入された金額）から青色欠損金額又は災害損失欠損金額を控除した金額

③　この規定を適用しないで計算した当期の所得金額（法人税の申告書の別表四（36）差引計の金額から青色欠損金額又は災害損失欠損金額を控除した金額）

　なお、特別清算による場合にあっては評価損益の計上は法人税法上認められていないので（法人25、33）、「民事再生法の規定による再生計画認可決定等があった場合の資産の評価益又は評価損の計上」の規定の適用を受けた場合における期限切れ欠損金額の青色欠損金額に対する優先利用規定を適用することはできない。

▶損金算入の手続

別表四（簡易様式）平三十一・四・一以後終了事業年度分

所得の金額の計算に関する明細書（簡易様式）

事業年度　・　・　〜　・　・　　法人名

御注意

区　分		総　額	処　　分		
			留　保	社 外 流 出	
		①	②	③	
当期利益又は当期欠損の額	1	45,000,000 円	円	配　当	円
				その他	
加算	損金経理をした法人税及び地方法人税（附帯税を除く。）	2				
	損金経理をした道府県民税及び市町村民税	3				
	損金経理をした納税充当金	4				
	損金経理をした附帯税（利子税を除く。）、加算金、延滞金（延納分を除く。）及び過怠税	5			その他	
	減価償却の償却超過額	6				
	役員給与の損金不算入額	7			その他	
	交際費等の損金不算入額	8			その他	
		9				
		10				
	小　　　計	11	45,000,000			
減算	減価償却超過額の当期認容額	12				
	納税充当金から支出した事業税等の金額	13				
	受取配当等の益金不算入額（別表八（一）「13」又は「26」）	14			※	
	外国子会社から受ける剰余金の配当等の益金不算入額（別表八（二）「26」）	15			※	
	受贈益の益金不算入額	16			※	
	適格現物分配に係る益金不算入額	17			※	
	法人税等の中間納付額及び過誤納に係る還付金額	18				
	所得税額等及び欠損金の繰戻しによる還付金額等	19			※	
		20				
	小　　　計	21			外※	
仮　　　計 (1)+(11)−(21)	22	45,000,000		外※	
関連者等に係る支払利子等の損金不算入額（別表十七（二の二）「24」又は「29」）	23			その他	
超過利子額の損金算入額（別表十七（二の三）「10」）	24	△		※	△
仮　　　計 (22)から(24)までの計	25			外※	
寄附金の損金不算入額（別表十四（二）「24」又は「40」）	27			その他	
法人税額から控除される所得税額（別表六（一）「6の③」）	29			その他	
税額控除の対象となる外国法人税の額（別表六（二の二）「7」）	30			その他	
分配時調整外国税相当額及び外国関係会社等に係る控除対象所得税額等相当額（別表六（五の二）「5の②」＋別表十七（三の六）「1」）	31			その他	
合　　　計 (25)+(27)+(29)+(30)+(31)	34	45,000,000		外※	
契約者配当の益金算入額（別表九（一）「13」）	35				
中間申告における繰戻しによる還付に係る災害損失欠損金額の益金算入額	37			※	
非適格合併又は残余財産の全部分配等による移転資産等の譲渡利益額又は譲渡損失額	38			※	
差　　　引　　　計 (34)+(35)+(37)+(38)	39	45,000,000		外※	
欠損金又は災害損失金等の当期控除額（別表七（一）「4の計」＋別表七（四）「10」）	40	△ {30,000,000 / 75,000,000}		※	△
総　　　計 (39)+(40)	41	45,000,000		外※	
新鉱床探鉱費又は海外新鉱床探鉱費の特別控除額（別表十（三）「43」）	42	△		※	△
残余財産の確定の日の属する事業年度に係る事業税の損金算入額	46	△	△		
所得金額又は欠損金額	47			外※	

簡

⑤ 欠損金又は災害損失金の損金算入等に関する明細書

事業年度	・・	法人名	

控除前所得金額（別表四「39の①」）−（別表七㈡「9」又は「21」）	1	円		所得金額控除限度額 (1) × 50又は100/100	2	円

事業年度	区分	控除未済欠損金額 3	当期控除額（当該事業年度の(3)と((2)−当該事業年度前の(4)の合計額))のうち少ない金額) 4	翌期繰越額((3)−(4))又は(別表七㈢「15」) 5
・・	青色欠損・連結みなし欠損・災害損失	円	円	円
・・	青色欠損・連結みなし欠損・災害損失			
・・	青色欠損・連結みなし欠損・災害損失			
・・	青色欠損・連結みなし欠損・災害損失			
・・	青色欠損・連結みなし欠損・災害損失			
・・	青色欠損・連結みなし欠損・災害損失			
・・	青色欠損・連結みなし欠損・災害損失			
X1・4・1 X2・3・31	青色欠損・連結みなし欠損・災害損失	9,000,000	9,000,000	0
X2・4・1 X3・3・31	青色欠損・連結みなし欠損・災害損失	13,000,000	13,000,000	0
X3・4・1 X4・3・31	青色欠損・連結みなし欠損・災害損失	8,000,000	8,000,000	0
	計	30,000,000	30,000,000	0

当期分	欠損金額（別表四「47の①」)		欠損金の繰戻し額	
	同上のうち 災害損失金			
	同上のうち 青色欠損金			
	合計			

災害により生じた損失の額の計算

災害の種類		災害のやんだ日又はやむを得ない事情のやんだ日	・・
災害を受けた資産の別	棚卸資産 ①	固定資産（固定資産に準ずる繰延資産を含む。) ②	計 ①+② ③
当期の欠損金額（別表四「47の①」) 6			円
資産の滅失等により生じた損失の額 7	円	円	
被害資産の原状回復のための費用等に係る損失の額 8			
被害の拡大又は発生の防止のための費用に係る損失の額 9			
計 (7)+(8)+(9) 10			
保険金又は損害賠償金等の額 11			
差引災害により生じた損失の額 (10)−(11) 12			
同上のうち所得税額の還付又は欠損金の繰戻しの対象となる災害損失金額 13			
中間申告における災害損失欠損金の繰戻し額 14			
繰戻しの対象となる災害損失欠損金額 ((6の③)と((13の③)−(14の③))のうち少ない金額) 15			
繰越控除の対象となる損失の額 ((6の③)と((12の③)−(14の③))のうち少ない金額) 16			

178

⑤ 民事再生等評価換えが行われる場合以外の再生等欠損金の損金算入及び解散の場合の欠損金の損金算入に関する明細書

事 業 年 度	：　： ：　：	法人名	

別表七（三）　平三十一・四・一以後終了事業年度分

債務免除等による利益の内訳	債務の免除を受けた金額	1	50,000,000 円
	私財提供を受けた金銭の額	2	
	私財提供を受けた金銭以外の資産の価額	3	
	計 (1)＋(2)＋(3)	4	50,000,000

欠損金額等の計算	適用年度終了の時における前期以前の事業年度又は連結事業年度から繰り越された欠損金額及び個別欠損金額	5	68,000,000
	適用年度終了の時における資本金等の額 （別表五(一)「36の④」） （プラスの場合は０）	6	△　　　0
	欠損金又は災害損失金の当期控除額 （別表七(一)「4の計」）	7	30,000,000
	差引欠損金額 (5)－(6)－(7)	8	38,000,000

所得金額差引計 （別表四「39の①」）－(7)	9	15,000,000 円
当期控除額 ((4)、(8)と(9)のうち少ない金額)	10	15,000,000
調整前の欠損金の翌期繰越額 (13の計)	11	
欠損金額からないものとする金額 ((10)と(11)のうち少ない金額)	12	

欠損金の翌期繰越額の調整

発生事業年度	調整前の欠損金の翌期繰越額 （別表七(一)「3」「4」） 13	欠損金額からないものとする金額 〔当該発生事業年度の(13)と((12)－当該発生事業年度前の(14)の合計額)のうち少ない金額〕 14	差引欠損金の翌期繰越額 (13)－(14) 15
：　：	円	円	円
：　：			
：　：			
：　：			
：　：			
：　：			
：　：			
：　：			
：　：			
：　：			
計			

別表七（三）の記載の仕方

1　この明細書は、法人が法第59条第2項《会社更生等に
よる債務免除等があった場合の欠損金の損金算入》（東
日本大震災の被災者等に係る国税関係法律の臨時特例に
関する法律（以下「震災特例法」といいます。）第17条第
1項《被災法人について債務免除等がある場合の評価損
益等の特例》の規定により読み替えて適用する場合を含
み、法第59条第2項第3号に掲げる場合に該当する場合
を除きます。以下同じ。）の規定の適用を受ける場合（平
成31年改正前の措置法第67条の5の2第1項《中小企業
者の事業再生に伴い特定の組合財産に係る債務免除等が
ある場合の評価損益等の特例》の規定の適用を受ける場
合を含みます。以下同じ。）若しくは法第59条第3項の
規定の適用を受ける場合又は平成25年改正前の法（以下
「平成25年旧法」といいます。）第59条第2項《会社更生
等による債務免除等があった場合の欠損金の損金算入》
（平成25年改正前の震災特例法第17条第1項《被災法人
について債務免除等があった場合の欠損金の損金算入の
特例》の規定により読み替えて適用する場合を含み、平
成25年旧法第59条第2項第3号に掲げる場合に該当する

場合を除きます。）の規定の適用を受ける場合に記載し
ます。

2　「適用年度終了の時における前期以前の事業年度又は
連結事業年度から繰り越された欠損金額及び個別欠損金
額5」には、当期の別表五(一)の「期首現在利益積立金額
①」の「差引合計額31」に記載されるべき金額がマイナス
（△）である場合のその金額を記載します。

　ただし、その金額が、別表七(一)の「3の計」に記載さ
れるべき金額に満たない場合には、その記載されるべき
金額を記載します。

3　「適用年度終了の時における資本金等の額6」は、
法人が法第59条第3項の規定の適用を受ける場合につい
てのみ記載します。

4　「当　　期　　控　　除　　額
((4)、(8)と(9)のうち少ない金額)10」は、法人が
法第59条第3項の規定の適用を受ける場合には、「(4)、」
を消します。

5　「11」から「15」までの各欄は、法人が法第59条第2項
の規定の適用を受ける場合には、記載を要しません。

第6節 債権者の税務

1 特別清算開始の申立てがあったとき

債権者は、債務者たる法人が特別清算開始の申立てをしたのみでは、一般の貸倒損失としての処理はできない。

ただし、個別評価により当該金銭債権の額の50％相当額については、貸倒引当金の対象とすることができる（法人52①、法人令96①三ニ）。

特別清算の場合、特別清算開始の原因事実は、清算の遂行に著しい支障を来すべき事情があること又は債務超過の疑いがあることであり、債務超過の状態が相当期間継続している場合には、回収不能見込額により「個別評価金銭債権に係る貸倒引当金」の繰入れが認められることになる（法人令96①ニ）。この場合の「相当期間」とは、おおむね1年以上とされている（法基通11－2－6）。

2 特別清算に係る協定認可の決定又は和解が確定したとき

特別清算に係る協定が債権者集会で可決され、裁判所による認可がなされれば、全債権者を拘束する効力を生ずるので、協定認可決定の確定により、協定に定められたとおり債権額は減額され、弁済方法も変更される（会社564、570、571①）。

債権者が協定への参加又は個別的な和解により債権の切捨てに応じた場合には、以下のように取り扱われる。

① 協定により債権が切り捨てられた場合には、債権者は、切り捨てられることになった債権につき、その認可のあった事業年度において貸倒損失として処理する（法基通9－6－1(2)）。

② 個別的な和解により債権放棄に応じた場合には、法人税基本通達9－6－1(4)を根拠として貸倒れとして処理するか、法人税基本通達9－4－1に照らして寄附金以外の損失（整理損失等）として処理することとなる。

法人税基本通達9－4－1は、法人がその子会社等の解散、経営権の譲渡等に

伴い当該子会社等のために債務の引受けその他の損失負担又は債権放棄等（以下
9－4－1において「損失負担等」という。）をした場合において、その損失負担等
をしなければ今後より大きな損失を蒙ることになることが社会通念上明らかであ
ると認められるためやむを得ずその損失負担等をするに至った等そのことについ
て相当な理由があると認められるときは、その損失負担等により供与する経済的
利益の額は、寄附金の額に該当しないものとする旨、定めており、相当の理由を
必要としていることに注意を要する。

第7節　株主の税務

1　みなし配当課税

　清算株式会社が株主に対して残余財産の分配を行った場合に、株主に交付した資産の価額の合計額が、その会社の資本等の金額のうちその交付の基因となった株式に対応する部分の金額を超える部分について、株主に対して配当金を支払ったものとみなされる（みなし配当課税）（法人24①三、所得25①三）。

　みなし配当は通常の受取配当と同様に取り扱われるため、法人株主においては受取配当等の益金不算入の規定が適用されることになる（法人23）。

　残余財産の分配時にみなし配当が発生した場合には、当該清算株式会社は、次に掲げる手続を行う必要がある。

ア　株主に対する残余財産を分配する旨及び残余財産の分配が生じた日並びに1
　　株当たりのみなし配当金額の通知（法人令23④）

イ　源泉所得税の徴収及び納付（所得181、182②）

ウ　支払調書の所轄税務署長に対する提出及び株主に対する交付（同法225②二）

2　譲渡損益課税

　残余財産の分配として株主に交付した資産の価額の合計額から、配当とみなされた部分を控除した残額は、株式譲渡（みなし譲渡）損益に対する課税が行われる場合に、その対価の額となる（法人61の2①一、措置37の10③三）。

第8節　清算株式会社と株主が完全支配関係にある場合の特例

　平成22年度改正において、いわゆるグループ法人課税が導入されたことに伴い、清算株式会社（子会社）と株主（親会社）が完全支配関係（法人2十二の7の6）にある場合については、以下のような特例が設けられている。

1　完全支配関係にある親子会社間の譲渡損益課税の特例

　株主（親会社）が、完全支配関係にある清算株式会社（子会社）からみなし配当の額が生ずる基因となる事由により金銭その他の資産の交付を受けた場合等には、当該事由により生ずる株式の譲渡損益を計上しない（法人61の2⑯）。したがって、株主（親会社）が清算株式会社から残余財産の分配を受け、みなし配当の適用を受ける場合には、譲渡損益課税は生じないことになり、当該譲渡損益相当額は資本金等の額の増加又は減少と処理することとなる（法人令8①十九）。

2　完全支配関係にある親子会社間の残余財産の現物分配が適格現物分配に該当する場合の特例

(1)　清算株式会社（子会社）の税務

　清算株式会社（子会社）が適格現物分配（法人2十二の15）により株主（親会社）に対しその有する資産の移転をしたときは、その移転をした資産の適格現物分配の直前の帳簿価額により譲渡をしたものとして、その事業年度の所得の金額を計算する（同法62の5③）。

(2)　株主（親会社）の税務

　完全支配関係にある清算株式会社（子会社）から適格現物分配（法人2十二の15）により資産の移転を受けた株主（親会社）は、その受けたことにより生ずる収益の額については益金の額に算入しない（同法62の5④）。

3　完全支配関係にある子会社の欠損金の引継ぎ

　完全支配関係にある清算株式会社（子会社）に残余財産が確定した場合におい
て、その清算会社（子会社）に未処理欠損金額等があるときは、その未処理欠損
金額等に相当する金額は、その株主である親会社の残余財産の確定の日の翌日の
属する事業年度以後の各事業年度における欠損金の繰越控除の適用において、そ
の未処理欠損金額等の生じた清算株式会社（子会社）の事業年度開始の日の属す
るその株主である親会社の事業年度において生じた欠損金額とみなされることと
なった（法人57②、58②）。

　なお、未処理欠損金額の引継ぎについては、みなし共同事業要件、5年継続支
配関係のいずれかを満たさない場合には、欠損金額の引継制限がある（同法57③）。

　法人税法第132条の2が規定する「法人税の負担を不当に減少させる結果とな
ると認められるもの」とは、①取引が経済的取引として不合理・不自然である場
合のほか、②組織再編税制の趣旨・目的又は組織再編成に係る個別規定の趣旨・
目的に反することが明らかであるものも含むとされる（東京地裁平成26.3.18判決）。

> 〈参考：租税回避行為の例〉
> 　法人税法施行令第112条第7項第5号が定める特定役員引継要件について、
> 特定役員への就任の有無などの要件に形式的に該当する行為又は事実がある
> 場合であっても、合併の前後を通じて移転資産に対する支配が継続している
> とはいえず、法人税法第57条第3項にいう「共同で事業を営むための適格合
> 併等」としての性格が極めて希薄であることが明らかであり、これらの規定
> の趣旨・目的に明らかに反すると認められるときは、同法第132条の2の規
> 定に基づき、特定役員への就任を否認することができるとされた事例（東京
> 地裁平成26.3.18判決、訟月60巻9号1857頁）
>
> > 法人税法第132条の2
> > 　税務署長は、合併、分割、現物出資若しくは現物分配（第2条第十二

号の五の二（定義）に規定する現物分配をいう。）又は株式交換等若しくは株式移転（以下この条において「合併等」という。）に係る次に掲げる法人の法人税につき更正又は決定をする場合において、その法人の行為又は計算で、これを容認した場合には、合併等により移転する資産及び負債の譲渡に係る利益の額の減少又は損失の額の増加、法人税の額から控除する金額の増加、第一号又は第二号に掲げる法人の株式（出資を含む。第二号において同じ。）の譲渡に係る利益の額の減少又は損失の額の増加、みなし配当金額（第24条第1項（配当等の額とみなす金額）の規定により第23条第1項第一号又は第二号（受取配当等の益金不算入）に掲げる金額とみなされる金額をいう。）の減少その他の事由により法人税の負担を不当に減少させる結果となると認められるものがあるときは、その行為又は計算にかかわらず、税務署長の認めるところにより、その法人に係る法人税の課税標準若しくは欠損金額又は法人税の額を計算することができる。

 一　合併等をした法人又は合併等により資産及び負債の移転を受けた法人

 二　合併等により交付された株式を発行した法人（前号に掲げる法人を除く。）

 三　前二号に掲げる法人の株主等である法人（前二号に掲げる法人を除く。）

　本件における法人税法第132条の2の適用の可否について、次のとおり判示している。

　法人税法第57条第2項及び第3項の趣旨、同法施行令第112条第7項第5号の趣旨及び同号に係る同法第132条の2の適用の在り方を勘案すれば、みなし共同事業要件に係る特定役員引継要件が、特定役員引継要件に形式的に該当する事実さえあれば、組織再編成に係る他の具体的な事情を一切問わず

186

に（すなわち、例えば、①特定資本関係発生以前の時期における当該役員の任期、②当該役員の職務の内容、③合併後における当該役員以外の役員の去就、④合併後における事業の継続性や従業員の継続性の有無、⑤合併により引き継がれる事業自体の価値と未処理欠損金額との多寡、⑥被合併法人と合併法人の事業規模の違いなどの事情を一切問わず）、未処理欠損金額の引継ぎを認めるべきものとして定められたとはいえず、特定役員引継要件に形式的に該当する事実があるとしても包括否認規定を適用することは排除されないと解することが相当である。

　同法施行令112条7項5号が定める特定役員引継要件については、それに形式的に該当する行為又は事実がある場合であっても、それにより　課税上の効果を生じさせることが明らかに不当であるという状況が生じる可能性があることを前提に規定されたものであるというべきであるから、組織再編成に係る他の具体的な事情を総合考慮すると、合併の前後を通じて移転資産に対する支配が継続しているとはいえず、同号の趣旨・目的に明らかに反すると認められるときは、同法第132条の2の規定に基づき、特定役員への就任を否認することができると解すべきである。

第7章　破産

第1節　破産手続

　破産手続には、同時廃止手続で終わる場合と管財手続により破産手続を進行する場合がある。

　同時廃止手続とは、破産手続開始決定時点で、破産財団をもって破産手続の費用を支弁するのに不足すると認めるときに、破産手続開始決定と同時に破産手続を終了するものである（破産216）。他方で、管財手続とは、裁判所によって破産管財人が選任され、同人が中心となって破産手続を進行するものである。

　法人の場合には、一定の破産財団が存すると想定されること、利害関係人も多く、処理すべき契約関係も多いと想定されること等、適切に資産を調査、管理、換価すべき必要性が高いため、原則的には、破産管財人を選任し、破産手続を進行していくこととなる。

▶破産手続の流れ

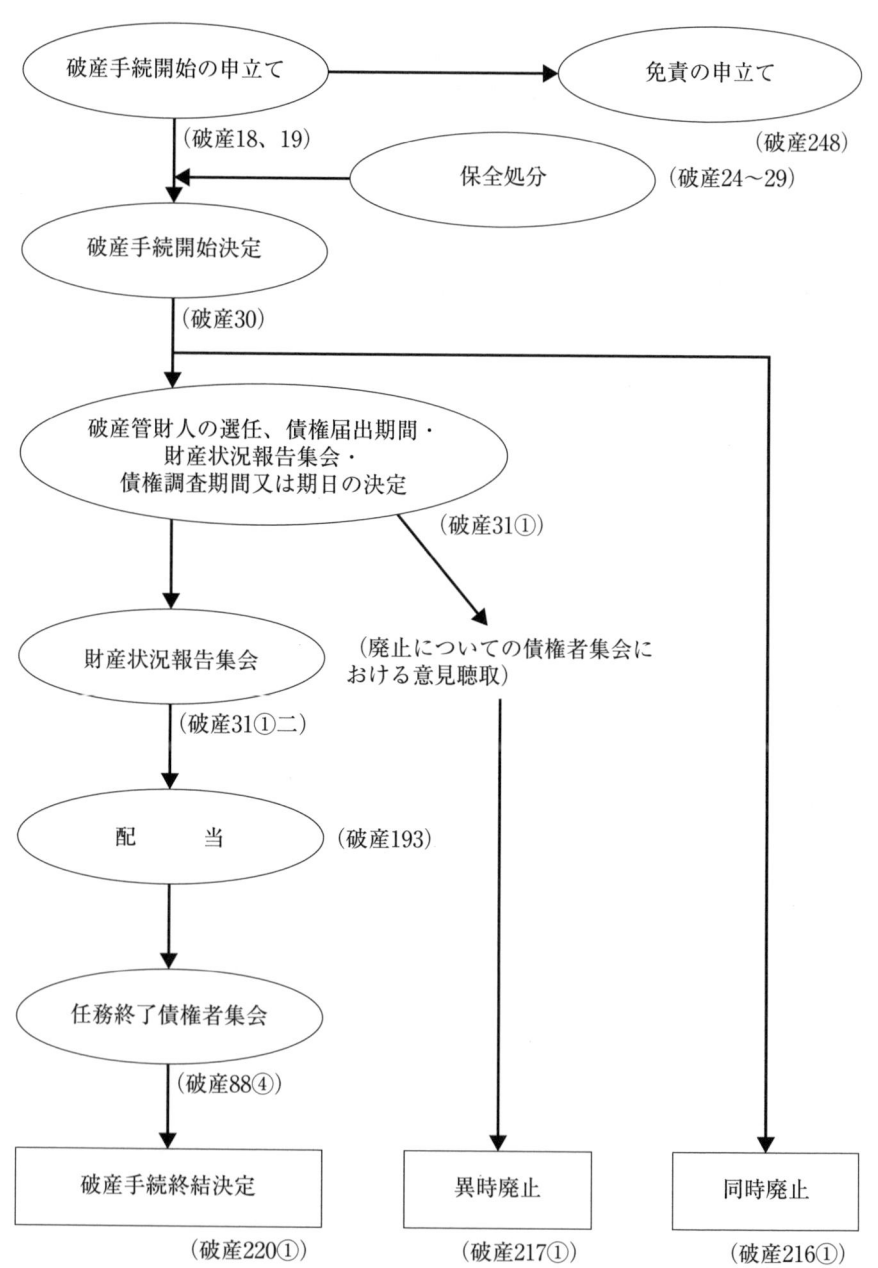

1　破産手続の開始決定

(1)　開始原因

　破産手続の開始原因は、「支払不能」若しくは「債務超過」である（破産15①、16）。ただし、債務超過は、法人（合名、合資会社などの無限責任の法人を除く。）の場合の付加的な破産手続開始原因である。

　「支払不能」とは、「債務者が、支払能力を欠くために、その債務のうち弁済期にあるものにつき、一般的かつ継続的に弁済することができない状態」にあることをいう（同法2⑪）。資産があったとしても、直ちに換価が困難なものであれば、支払不能が認められる可能性がある。

　債務者が支払を停止したときは「支払不能」にあるものと推定されている（同法15②）。「支払停止」とは、「債務者が弁済期の到来した債務を一般的かつ継続的に弁済できないことを外部に表示すること」をいうが、支払停止とされる例としては、手形の不渡り、債務の支払ができない旨の通知、夜逃げ等が挙げられる。最高裁平成24年10月19日判決（最高裁判所ホームページ参照）は、債務者の代理人である弁護士が債権者一般に対して債務整理開始通知を送付した行為が破産法第162条第1項1第1号イ及び第3項にいう「支払の停止」に当たると判示している。

　「債務超過」とは、「債務者が、その債務につき、その財産をもって完済することができない状態」をいう（同法16①かっこ書）。

(2)　申立権者

　「債務者」又は「債権者」が申立権を有しており、法人の場合には、一般社団法人、一般財団法人においては「理事」が、株式会社又は相互会社においては「取締役」が、合名会社、合資会社又は合同会社においては「理事等」がそれぞれ申立権を有している（破産19①、②、④）。

　さらに、「外国管財人」についても申立権が認められている（同法246①）。

(3)　破産手続開始の申立ての時期及び方法

　破産手続開始の申立ての時期については、特に時間的な制限はないとされてい

る。解散した法人の場合にも、破産手続開始の申立てが可能となるが、「残余財産の引渡し又は分配が終了するまで」とされている（破産19⑤）。

破産手続開始の申立ては、最高裁判所規則で定める事項を記載した書面「破産申立書」を提出して行う（破産20①）。その際、債権者一覧表、財産目録等の添付書類も併せて提出する必要がある。ただし、大規模な事件や破産手続開始の申立てによる影響が大きな事件等の場合には、遅くとも1〜2週間前には裁判所に事前相談に行くのが望ましいとされている。

(4) 破産手続開始決定手続

裁判所は、破産手続開始の申立てがあった場合において、破産手続開始の原因となる事実があると認めるときは、以下のいずれかの事由がある場合を除いて、破産手続開始の決定をすることとされている（破産30①）。

① 破産手続の費用の予納がないとき

② 不当な目的で破産手続開始の申立てがされたとき、その他申立てが誠実にされたものでないとき

①については、前記のとおり、事案によっては予納金の額が高額となる場合がある。そのため、破産手続開始の申立ての検討の際には、予想される予納金の額を検討し、できるだけ速やかに予納金の額を準備する必要がある。

②については、真に破産手続を進める意思がないのに、一時的に債権者からの取立てを回避し、時間稼ぎを図ること等、専らほかの目的をもって、破産手続開始の申立てをする場合が挙げられる。

(5) 破産手続開始決定前の保全措置

破産手続開始決定前には、債務者が財産の隠匿を図ったり、債権者が早い者勝ちを意図して、強制執行及び自力執行をして債権を回収したりすることがある。

このような事態を防止するために、以下のような、破産手続開始決定前の保全措置が定められている。必要に応じて、各保全措置を講ずるかどうかを検討することになる。

① 他の手続の中止命令等（破産24①）

② 　包括的禁止命令（同法25）

③ 　財産保全処分（同法28）

④ 　保全管理命令（同法91）

⑤ 　否認権のための保全処分（同法171①）

2　破産手続開始の効果

(1)　概要

ア　財産管理処分権の移転

　破産者が破産手続開始の時において有する一切の財産は、原則として破産財団となり（破産34）、破産財団に属する財産の管理及び処分をする権利は、破産者から剥奪され、破産管財人に専属する（同法78）。したがって、破産者が破産財団に属する財産に関してした法律行為は、破産手続の関係では効力を主張することはできない（同法47①）。例外として、主として個人に関し、次の財産は、破産者の生活の維持を図るため、自由財産とされる。

① 　民事執行法第131条第 3 号の差押禁止金銭（民事執行令 1 ）の1.5倍相当の金銭（破産34③一）

② 　民事執行法その他の特別法に基づく差押禁止財産及び権利の性質上差押えの対象とならない財産

イ　個別的権利行使の禁止

　破産債権は、破産手続開始とともに個別的権利行使が禁止される（破産100①）。

　したがって、破産財団に属する財産に対して新たに強制執行等をすることはできず、破産手続開始前から開始されている執行も破産財団に対する関係ではその効力を失う（同法42）。

　破産財団に属する財産に対する国税及び地方税等の滞納処分も破産手続開始後は禁止されるが（同法43①）、既にされている場合には、租税等の滞納処分の続行を妨げない（同条②）。

　破産手続開始前に継続していた、破産財団に関する訴訟手続、破産債権者又は財団債権者の提起した債権者代位訴訟及び詐害行為取消訴訟は、破産手続開始決定により中断する（同法44①、45①）。破産管財人は中断した訴訟手続のうち破産財団に属する財産に関する訴訟を受け継ぐことができる（同法44②、45②）。

　破産債権は、破産手続内で調査・確定を経たうえで配当を受けることになっているので、中断した訴訟を管財人が受け継ぐわけではない。

ウ　破産者に対する効果

　法人に対して破産手続開始決定がなされると、会社法第471条第5号、第641条第6号などの規定に基づき法人は解散する。ただし、破産手続開始後も法人格は破産手続による清算の目的の範囲内において存続するものとみなされる（破産35）。

　破産者が個人の場合には、通信の秘密の制限（同法81、82）、資格制限（弁護士、弁理士、公認会計士、後見人、保佐人、遺言執行者等）がある。

(2)　取戻権

ア　意義

　取戻権とは、その目的物が破産財団に属さないことを主張する権利を意味する。

　取戻権にはその権利が破産法以外の実体法に基づく一般取戻権（破産62）と、破産法に基づく特別取戻権（同法63）がある。

　隔地者間の売買において、既に売主が目的物を発送した場合、買主が代金を弁済せず、かつ、目的物が買主に到着しない間に買主について破産手続が開始されれば、売主が所有権を有するか否かにかかわらず、売主に取戻権が認められる（同条①）。さらに、買入委託を受けた問屋が、買い入れた物品を委託者に発送した場合にも、委託者の破産において問屋に取戻権が与えられる（同条①、③）。

イ　離婚に伴う財産分与

離婚に伴う財産分与請求権が、分与義務者の破産手続において取戻権となるかどうかについては争いがある。一般に、財産分与には、婚姻中の実質的な共同財産の清算分配、離婚後の扶養、慰謝料の要素が含まれると考えられている。

破産手続開始前に金銭を財産分与する協議が成立していた場合に、履行前に、分与者が破産した場合の取扱いについて、最高裁平成2年9月27日判決（判時1363号89頁、判タ741号100頁）は、財産分与金の支払を目的とする債権は破産債権であるとし、分与の相手方の取戻権を否定している。

(3)　別除権

ア　意義

破産財団中の個別財産について担保権を有する担保権者は、担保権を自由に行使することが許され（破産65①）、このような担保権者の権利のことを別除権と呼んでいる（同法2⑨）。

別除権とされる担保権は、特別先取特権、質権及び抵当権である。

イ　担保権消滅制度

破産管財人の申立てにより、破産財団に帰属する担保目的物を売却して破産財団の増殖を図るため、買主を見つけてきて、担保権者と交渉の上、売却代金の一部を破産財団に組み入れ、所有権の移転と担保権の抹消を行うことが制度上、認められている。これが担保権消滅の制度と呼ばれるものである。

この制度は、破産管財人が売却の相手方を見つけてきて、売却代金額やそこから破産財団に組み入れようとする金額を示して、裁判所に担保権消滅許可の申立てをするというものである（同法186）。

担保権消滅許可手続に異議のある担保権者は、①担保権を実行したことを証明する書面を裁判所に提出する、又は②破産管財人に対して担保権者又は他の者が管財人の申し出た売得金より5％以上高額の買受申出額で担保目的物を買い受ける旨の申出をすることができる（同法188③）。

①の場合、担保権消滅許可の申立てに対して不許可決定がなされ、②の場合

は、買受けを申し出た買受希望者に対して売却するとの担保権消滅許可決定が
なされる（同法189）。これによって、破産管財人とその買受人との間で売買契
約が成立したものとされ、買受人が売買代金額に相当する金銭を裁判所に納付
することになる（同法190①）。そこで、担保権は消滅し（同条④）、その登記等
は裁判所書記官の嘱託により抹消される（同条⑤）。そして、裁判所に納付さ
れた金銭は、裁判所によって配当されることになる（破産191）。

(4) 相殺権

ア 相殺の許容

i 破産債権者は、破産手続開始の当時に、破産者に対して債務を負担する
ときは、破産手続によらないで、相殺をすることができる（破産67①）。

ii 破産債権者の有する債権が、破産手続開始当時、期限付、又は解除条件
付であるときでも、相殺することができる（同条②）。ただし、解除条件
付債権を有する破産債権者が相殺をするときは、相殺によって消滅する債
務の額について、破産財団のために、担保を供し、又は寄託しなければな
らない（破産69）。

iii 破産債権者の有する債権が、破産手続開始当時、(イ)非金銭債権の場合
（物の引渡請求権である場合等）、(ロ)金銭債権で、その額が不確定のもの又は
その額が外国通貨で定められたもの、(ハ)金額又は存続期間が不確定である
定期金債権であるときでも、破産手続開始当時の評価額により、相殺する
ことができる（同法67②）。

iv 停止条件付債権又は将来の請求権を有する債権者は、破産者に対する債
務を弁済する場合には、停止条件が成就した場合又は将来相殺をするため、
その債権額の限度において、弁済額の寄託を請求することができる（同法
70）。敷金返還請求権を有する者が、破産者に対する賃料債務を弁済する
場合も同様である。

v 破産債権者の負担する債務が、期限付若しくは条件付であるとき、又は
将来の請求権であるときも、相殺することができる。

イ　破産債権者が債務を負担した場合の相殺禁止（破産71①）

　破産債権者は、次の i から iv の場合には、原則として相殺をすることはできない。

　　i　破産手続開始後に破産財団に対して債務を負担したとき（同項一）。

　　ii　支払不能になった後に、破産者との契約によって負担する債務を、専ら破産債権と相殺させる目的で、破産者の財産の処分を内容とする契約を破産者との間で締結し、又は破産者に対して債務を負担する者の債務を引き受けたことによって、その債務を負担した場合であって、その契約の締結又は債務引受の当時、支払不能であったことを知っていたとき（同項二）。

　　iii　支払の停止があった後に破産者に対して債務を負担した場合であって、その負担の当時、支払の停止があったことを知っていたとき（同項三）。ただし、支払の停止があった当時、支払不能でなかったときは、相殺することができる。

　　iv　破産申立てがあったことを知って、破産者に対して債務を負担したとき（同項四）。

　　v　なお、上記 ii から iv の場合であっても、それぞれの債務負担が次の(イ)から(ハ)のいずれかの原因に基づくときには、例外的に、相殺が許される（同条②）。

　　　(イ)　法定の原因（同項一）

　　　(ロ)　支払不能、支払の停止又は破産申立てがあったことを、破産債権者が知る以前に生じた原因（同項二）

　　　(ハ)　破産申立てがあったときから 1 年以上前に生じた原因（同項三）

ウ　破産者に対して債務を負担する者が破産債権を取得した場合の相殺禁止（破産72①）

　破産者に対して債務を負担する者は、次の i から iv の場合には、相殺をすることができない。

　　i　破産手続開始後に他人の破産債権を取得したとき（同項一）。

ii　支払不能になった後に破産債権を取得した場合であって、その取得の当時、支払不能であったことを知っていたとき（同項二）。

iii　支払の停止があった後に破産債権を取得した場合であって、その取得の当時、支払の停止があったことを知っていたとき（同項三）。ただし、支払の停止があった当時、支払不能でなかったときは、相殺ができる。

iv　破産申立てがあった後に破産債権を取得した場合であって、その取得の当時、破産申立てがあったことを知っていたとき（同項四）。

v　なお、上記 ii から iv の場合であっても、それぞれの破産債権の取得が次の(イ)から(ニ)のいずれかの原因に基づくときには、例外的に、相殺が許される（同条②）。破産者に対する新規の貸付を萎縮させないとの趣旨に基づくもの。

(イ)　法定の原因（同項一）

(ロ)　支払不能、支払の停止又は破産申立てがあったことを、破産者に対して債務を負担する者が知る以前に生じた原因（同項二）

(ハ)　破産申立てがあったときから1年以上前に生じた原因（同項三）

(ニ)　破産者に対して債務を負担する者と破産者との間の契約（同項四）

3　破産管財人

(1)　破産管財人の地位

破産手続開始の決定があった場合には、破産財団に属する財産の管理処分権は、裁判所が選任した破産管財人に専属することになる（破産78）。

破産管財人は、資産を調査、管理し、財産を換価処分して、破産財団の維持、増殖を図ることとなり、契約関係を処理したり、否認権を行使したり、法人の役員の責任を追及したりすることがある（同法178以下）。

破産管財人には、一定の調査権限が与えられている一方、破産者等の一定の者には説明義務（同法40）が課せられている。破産者等については、破産管財人から求められた説明、検査を拒んだり、重要な財産の開示を拒絶したりした場合の

刑罰も用意されているため、このような義務に違反しないよう、破産管財人に対して誠実に対応し、協力することが必要である。

⑵　破産管財人の善管注意義務

破産管財人は、職務遂行に当たり利害関係人に対して、善管注意義務が課せられている（破産85①）。

善管注意義務違反の例としては、①破産財団に属する債権を時効消滅させてしまうこと、②破産財団にとって価値のある賃借権をみすみす解消して消滅させてしまうこと、③破産財団に属する建物に抵当権が設定されている場合に、敷地の借地契約の解約を申し入れて地代を支払わなかったため借地契約を解除され、抵当権を無価値とすること、④破産財団に利益があるのに適切な税務処理を怠ること、⑤破産財団中の取戻権や別除権の目的物を損傷すること、などがある。

4　破産債権

⑴　期日型と留保型

破産債権者は、破産手続に参加しようとするためには、開始決定において定められた破産債権届出期間内に、その債権の額、原因、優先的破産債権、劣後的破産債権、約定劣後破産債権であるときはその旨等、破産法所定の事項を裁判所に届け出なければならない（破産111①）。

ただし、配当の見込みがない場合にまで、破産債権の届出及び調査を行うことは意味がないため、破産手続開始決定の時点において破産手続廃止のおそれがあると認められる場合には、債権届出期間並びに債権調査期間及び期日を定めないことができるものとされている（同法31②）。このような場合を「留保型」と呼び、期日を定めるものを「期日型」と呼んで区別している。

⑵　破産債権の届出、調査、確定

ア　破産債権の届出

破産債権者は、「債権届出書」に破産債権の種類、額等を記載して、必要な疎明資料（破産債権に関する証拠書類、債務名義、代理権を証する書面、法人に関

する資格証明書等）とともに、債権届出期間内に届出をする必要がある。

　破産債権は、破産法に特別の定めがある場合（破産67①の相殺権等）を除いて、破産手続によらなければ、行使することができない（同法100①）。

　したがって、破産債権者は、給付訴訟を提起し、債務名義に基づいて強制執行をすることはできない。

イ　破産債権の調査

　破産管財人は、届け出された債権届出書及び疎明資料等を形式面、実質面の両方から審査して、届け出された破産債権の種類及び額等を認めるべきか否かを検討し、追完や取下げ等を促すべき者に対しては追完や取下げ等を促し、最終的には、認否予定書（破産規則42①）を作成して、債権調査期日において認否を明らかにすることとなる。

　なお、このような一般調査期間若しくは一般調査期日における債権調査に対して、特別調査期日（破産122①）における債権調査というものがある。これは、債権届出期間後の破産債権の届出で、破産債権の届出ができなかったことについて破産債権者に帰責性がなく、届出の障害がなくなってから1か月以内に限り届出がされた場合（同法112①～③）になされることがある債権調査に関する手続である（同法122①）。

ウ　破産債権の確定

　破産債権は、その額及び順位に応じて平等に弁済を受ける（同法194②）。破産債権の存否、額及び順位は、債権届出（同法111①一）、債権調査を経て、破産管財人及び他の破産債権者からの異議がなければ、届出のとおり確定し（同法124①）、異議があると破産債権査定申立て（同法125）、破産債権査定異議の訴え（同法126）などによって確定する。

　破産債権の調査において、破産債権の額又は優先的破産債権、劣後的破産債権であるかどうかの別について破産管財人が認めず、又は届出をした破産債権者が異議を述べた場合、当該債権が認められるべきと考える破産債権者は、裁判所に、破産債権査定申立てをすることができる（同法125①）。

　　ただし、破産手続開始決定前に訴訟が継続している場合には、破産債権者は受継の申立てをすることになる（同法127①）。破産債権査定申立て及び受継の申立ては、いずれも債権調査期間又は期日から 1 か月以内に行う必要がある（同法125②、127②）。

5　財団債権

⑴　意義

　　財団債権とは、破産手続によらないで破産財団から随時弁済を受けることができる債権をいう（破産 2 ⑦）。財団債権は、破産債権に優先して弁済される（同法151）。

　　その弁済は、破産手続によらずに破産管財人によって随時弁済される。破産管財人は、財団債権の調査、確定の手続を経ることなく、弁済期に随時弁済することができる。ただし100万円を超える財団債権を承認する場合には裁判所の許可を得る必要がある（同法78②十三、③一、破産規則25）。

⑵　財団債権の種類

　　財団債権は、次のような類型に分けられる。①破産手続の遂行に必要な費用（破産148①一、二。破産管財人の報酬等）、②破産手続遂行の過程において破産管財人の法律行為又は不法行為などに基づいて発生する債権（同項四〜八）、③特別の政策的考慮に基づいて法律が財団債権とする場合（同項三。開始決定前の原因に基づく租税等の請求権の一部）及び使用人の給料の一部（破産149①、②）。

　　なお、実務上は、独立行政法人労働者健康福祉機構が賃金の支払の確保等に関する法律に基づき、未払いの賃金債権等を立替払いしたときには、同機構の取得する権利については、財団債権として扱っている（最高裁平成23.11.22判決、民集65巻 8 号3165頁、判タ1361号131頁）。

　　また、破産財団に帰属する財産の管理、換価に伴って発生する消費税、固定資産税、自動車税、及び破産管財人の報酬の源泉所得税も財団債権とされる。

6 破産財団

(1) 意義

　破産財団とは、破産者の財産又は相続財産、信託財産であって、破産手続で破産管財人にその管理及び処分をする権利が専属するものをいうと定義されている（破産2⑭）。

　破産財団とは、破産者の財産で破産者がその管理処分を有していたが、破産手続の開始によって、その管理処分権は破産者から剥奪され、破産管財人に移行し、破産者の財産の所有権は破産管財人に帰属しているということである（同法78①）。

(2) 破産財団の範囲

　破産者が破産手続開始の時において有する一切の財産（在外財産を含む。）は破産財団とされるが（破産34①）、債務は破産財団とならない。

　破産者の破産手続開始時点の財産が破産財団となるから、破産者が破産手続開始後に取得した財産は破産財団に属する財産とはならない。自然人である破産者が破産手続開始後に取得した新得財産について破産手続に干渉を受けないから、自由にその管理処分ができる。破産手続開始後に破産者が負担した債務は、破産手続とは無関係で、破産者自身が弁済しなければならない。

7 否認権

(1) 否認権の目的

　破産手続開始決定前においては、本来、債務者は、自由に債務を弁済することができ、また自らの財産を自由に処分することができる。しかしながら、このような原則を貫くと、破産手続開始決定がなされる直前に特定の債権者が債権の回収を行い、また、債務者が手元に資金を残すために自己の財産を廉価処分したりして、破産手続開始決定段階で破産財団が形成できないおそれがある。

　よって、一定の要件の下、破産手続開始前に行われた行為の効力を否定して流出した財産を回復させ、債権者間の平等を実現するために否認権の制度が設けられている。

⑵　否認権の類型

　否認権には大きく分けて 2 つの類型がある。1 つは詐害行為否認と呼ばれるもので、もう 1 つは偏頗行為否認と呼ばれるものである。

　詐害行為否認とは、債権者全体に対して責任財産を減少させる行為（詐害行為）を否認することをいい、偏頗行為否認とは、債権者間の平等を害するような行為（偏頗行為）を否認することをいう。

⑶　詐害行為否認

ア　一般的な詐害行為の否認

　詐害行為否認は、①破産者により詐害行為が行われ、②破産者がその詐害性を認識していた場合には、③受益者が破産債権者を害することを知らなかったときを除き、否認の対象としている（故意否認。破産160①一）。

　詐害行為に該当するか否かは、行為の時期が実質的危機時期に行われたものであること及び資産を絶対的に減少させるものであることという 2 つの要素から判断し、例えば、債務超過にもかかわらず、保有する財産を廉価で売却したり、財産を不当に高い価格で購入するような行為は、上記 2 つの要素から詐害行為と判断される。

イ　危機時期の詐害行為の否認

　危機時期（支払停止又は破産手続開始申立ての後）に行われた行為に関する詐害行為否認は、①破産者により詐害行為が行われ、②詐害行為が行われたのが危機時期であった場合には、③受益者が危機時期にあったこと及び破産債権者を害することをいずれも知らなかったときを除き、否認の対象としている（危機否認。破産160①二）。

　もっとも、支払停止後になされた詐害行為であっても、破産手続開始の申立日から 1 年以上前の行為であれば、②の要件は満たさないこととされている（同法166）。

(4) 偏頗行為否認

ア 一般的な偏頗行為の否認

偏頗行為否認は、①破産者が支払不能又は破産手続開始申立ての後に、②既存債務について担保の供与又は債務の弁済を行った場合、③破産債権者が支払不能又は破産手続申立てを知っていたときに、否認の対象としている（破産162①一）。

イ 非義務偏頗行為

偏頗行為のうち、①破産者に義務がないもの又は義務がない時期のもので、②支払不能となる前30日以内に行われた行為については、③破産債権者が他の破産債権者を害する事実を知らなかった場合を除き、否認の対象となる（同法162①二）。

(5) その他の否認

ア 対抗要件の否認

対抗要件の具備についても否認の対象となる（破産164）。

権利変動の根拠となる原因行為を行っていながら、対抗要件は具備せず、破産者が支払不能になった段階で急に対抗要件を具備するケースがある。しかしながら、このような行為を許せば、対抗要件が公示されていないことにより対象財産が責任財産から逸出していないと信じた債権者の信頼を害することになる。

よって、①破産者の支払停止等の後、②権利変動の日から15日を経過して対抗要件具備行為が行われた場合、③受益者が支払停止等の事実を知っていたときには、否認の対象となる（同条）。

イ 執行行為の否認

詐害行為や偏頗行為は、破産債権者が債務名義に基づいて行った執行行為により実現された場合でも他の破産債権者が弁済を受けられなくなるというデメリットに違いないことから、執行行為がこれまでに述べた各否認類型の要件に該当する場合には、執行行為も否認の対象となる。

ただし、破産手続では担保権は別除権として保護されているので、担保権の実行については否認権の対象にはならないと解されている。

8　配当

(1)　概要

配当手続は、破産債権に関する債権調査が終了し、分配することができるほどの破産財団を構成することができた場合に、一定のルールに従って、公正適正に財産を分配する手続のことをいう。破産手続開始決定によって個別の権利行使が禁止されている破産債権者にとっては、配当の有無及び配当率が最大の関心事となる。

(2)　各配当手続

ア　中間配当

一般調査期間の経過後又は一般調査期日の終了後であって、破産財団に属する財産の換価の終了前において、破産管財人は、配当をするのに適当な破産財団に属する金銭があると認めるときは、最後配当に先立って、届出をした債権者に対し、配当をすることができる（破産209）。このような配当手続を中間配当という。

イ　最後配当

一般調査期間の経過後又は一般調査期日の終了後であって、破産財団に属する財産の換価の終了後においては、破産管財人は、遅滞なく、届出をした債権者に対し、配当をしなければならない（同法195）。このような配当手続を最後配当という。

ウ　簡易配当

法律上は、最後配当が原則であるが、破産財団を構成する財産が多くない場合や配当に関して債権者からの異議が述べられなかった場合にまで、最後配当による厳格な手続をとる合理性がないため、最後配当の手続も簡易な配当手続が規定されており、実務上は、これらの配当手続が原則的な配当手続となって

いる（同法204）。

エ　追加配当

　最後配当、簡易配当又は同意配当後、新たに配当に充てることができる財産があることが確認されたときは、破産管財人は、裁判所の許可を得て、届出をした債権者に対し、補充的に配当をしなければならない（同法215）。このような配当手続を追加配当という。

9　破産手続の終了

(1)　概要

　破産手続が終了する場面としては、破産手続終結決定（破産220）若しくは破産手続廃止決定がある。破産手続終結決定には、同時破産廃止（同法216）、異時破産廃止（同法217）及び同意破産廃止（同法218、219）がある。

　「破産手続終結決定」とは、最後配当、簡易配当が終了した後、任務終了計算報告集会（同法88④）が終結したとき等になされるものである。

　「異時破産廃止」は、破産手続が開始されたが、破産財団をもって破産手続の費用を支弁するのに不足すると認めるときは、管財人の申立て又は職権で、破産手続を終了するものである（同法217）。

　「同時破産廃止」は、破産手続開始決定時点で、破産手続の費用を支弁するのに不足すると認めるときに、破産手続開始決定と同時に破産手続を終了するものである。

(2)　法人における破産手続終結の効果

　破産者が法人で、破産手続が終結した場合、裁判所書記官は、破産手続終結の登記を登記所に嘱託することとなる（破産257①、⑦）。破産手続終結の登記がなされた場合、通常は、破産手続が終結すると法人格が消滅し、その法人の登記記録は閉鎖されることとなる（商業登記規則117③）。

　破産者が法人の場合には、破産財団からの放棄や新たに発見したことを理由として残余財産が存在し、この場合には当然には法人格が消滅しないと考えられて

おり、清算の目的の範囲内では法人格が存続することになる。この場合に清算手続を行うためには、清算人を選任して清算手続を行うことになる（会社478②）。

第2節 破産法人の税務

法人が破産すると、管財事件となり、破産管財人は当該破産法人に対して生じた各債権に対し、財団債権、優先的破産債権、一般破産債権及び劣後的破産債権の別に従い、弁済ないし配当を行う。

また、破産管財人は、破産手続開始後において、各事業年度の法人税、消費税等の申告及び納付、各還付手続等の税務処理を行う。

1 破産手続開始の決定があった場合の法人税の事業年度、申告

法人が破産手続開始決定を受けると、当該法人は解散する（会社471⑤）。その場合、当該法人事業年度は、以下の3つに区分され、各事業年度の所得に対する法人税を申告しなければならない（法人74①、②）。

(1) 解散事業年度

法人が事業年度の中途において破産手続開始決定を受けた場合、その事業年度の開始日から破産手続開始決定日までを期間とする事業年度のことを解散事業年度という（法人14①一）。

解散事業年度の所得に対する法人税は、破産手続開始決定日に納税義務が生じ（通則15②三）、財団債権となる（破産148①三）。

解散事業年度の申告は確定申告であり、申告期限は、破産手続開始決定日の翌日から2か月以内である（法人74①）。ただし、提出期限の延長の承認を受けて提出期限を3か月に延長していた時には、解散事業年度についても延長が認められる（同法75の2①）。

解散事業年度の所得に対する法人税の申告を従前の代表取締役が行うべきか、破産管財人が申告義務を負うかには疑義がある。現実的には、申告によって還付が見込まれる場合には管財人が申告を行うことが多いと思われるが、破産会社は往々にして会計帳簿等の資料が散逸しており、また、破産財団の形成額が少なく、

申告のために税理士の報酬を支払うことが難しいことも多いので、解散事業年度の法人税の申告について、還付見込みがない場合にも管財人に申告義務を負わせるのは適当ではない。

　申告の内容は、通常の事業年度と同じであるが、解散事業年度において特別償却や法人税額の特別控除の適用を受けることはできず、準備金の多くも、解散事業年度及び清算事業年度において適用を受けることはできず、解散事業年度で全額を取り崩すことになる。

　さらに、解散事業年度は、通常、1年に満たないことが多く、期間計算を要するものには注意が必要である。

　破産手続開始決定を受けた場合、次のアからオの各還付請求をすることができる。

　したがって、前年度に法人税を納付又は滞納している場合や、解散事業年度に中間納付額（滞納分を含む。）又は源泉徴収税額がある場合には、確定申告をして、還付を受けることができるときには還付請求し、また、還付に至らなくても、滞納分を納付せずに済むようにするべきである。

ア　欠損金の繰戻し還付請求

　欠損金の繰戻し還付制度とは、青色申告書を提出した事業年度において生じた欠損金額がある場合、その事業年度の開始の日前1年以内に開始したいずれかの事業の所得に対して当該欠損金額が占める割合に相当する金額につき、既に納付済の法人税の還付を請求することができる制度のことをいう（法人80①）。

　破産会社が青色申告法人である場合、解散事業年度又はその前の事業年度の欠損金額については、欠損金の繰戻し還付の制度の利用が可能である（同条⑤、⑥）。

　解散事業年度の前年度、前々年度において法人税を納付していなかった場合には、還付を受ける法人税はないが、前年度分の法人税を滞納している場合、還付制度を利用すれば、納付の必要がなくなるので、破産財団の減少を抑えることができる。還付請求できる期限は、破産の場合、破産手続開始日以後1年

以内である（同条④）。

　欠損金の繰戻し還付制度は、青色申告書の提出と同時に行う必要がある（同条①）。解散事業年度等の確定申告を怠ると、その事業年度以降の青色申告の承認が取り消されてしまうから（法人127①四）、その場合、欠損金の繰戻し還付請求はできない。

イ　仮装経理に基づく過大申告の減額更正による還付

　仮装経理とは、架空売上、架空在庫の計上、仕入債務の過少計上などの事実に反する経理のことである。

　破産法人が、各事業年度開始の日前に開始した事業年度（過去の事業年度）において、仮装経理を行い過大な税金を納付した場合には、課税庁に減額更正処分を嘆願して還付を受けられることがある。

　仮装経理により過大に納付された法人税額は、その減額更正の日の属する事業年度後5年以内に開始する各事業年度の所得に対する法人税額から順次控除されるが（同法70）、破産の開始決定があった場合には、一括して還付される。

　減額更正を受けられる期限は、仮装経理をした事業年度の申告期限から5年を経過する日までとなり、仮装経理の修正の経理をし、かつ修正の経理をした事業年度の確定申告書を提出する必要がある（同法129①、②）。

ウ　預金利子等に関する源泉所得の還付

　法人の預金利子等の所得には所得税が課せられ（所得174）、これについて源泉徴収がなされる（同法212③）。

　源泉徴収された所得税額は、確定申告書に所得税額等の控除不足額を記載すれば、還付される（法人68①、78①、74①三）。

エ　外国法人税の還付

　法人が外国法人税を納付した場合、一定の算定式によって計算された金額を限度として、外国法人税の額を当該事業年度の所得に対する法人税の額から控除することができる（法人69①）。

　控除されるべき金額が法人税額の計算上控除しきれなかった場合には、当該

金額に相当する税額が還付される。

オ　中間納付額の還付

事業年度が 6 か月を超える法人は事業年度開始の日以降 6 か月を経過した日から 2 か月以内に中間申告をしなければならない（同法71）。

中間申告書を提出した法人が、その申告に係る法人税を納付しているときは（同法76）、確定申告書に中間納付額の控除不足額を記載することにより、その金額に相当する中間納付額が還付される（同法79、74①五）。

法人住民税、事業税、消費税にも、同様の規定がある（地方17の 3 、消費55）。

(2)　清算事業年度

ア　申告期限等

破産手続開始決定日の翌日から、当該破産法人の定款に定められた事業年度の末日までを第 1 期の清算事業年度といい（会社475）、第 1 期清算事業年度の末日の翌日から当該事業年度の末日までを第 2 期として、以後、これを繰り返す。

破産開始決定後に生じた各清算事業年度の所得について、当該所得に対する法人税が課される。破産手続中に終了する清算事業年度のうち、残余財産確定の日の属する事業年度以外の各清算事業年度については、各清算事業年度終了の日の翌日から 2 か月以内に、確定申告をしなければならない（法人74①）。なお、中間申告の必要はない（同法71①）。

イ　破産管財人の申告義務

破産手続中の会社においては、裁判所から選任された破産管財人が会社財産の管理処分権限を有するため（破産78①）、開始決定後の法人税の申告についても破産管財人が行う義務があるものと考えられる（最高裁平成 4 .10.20判決）。

ウ　還付

清算事業年度においても、欠損金の繰戻しによる還付（法人80⑥）、仮装経理に基づく過大申告の場合の更正に伴う法人税額の控除・還付（同法70）、預金利子等に関する源泉所得税の還付（同法68①）、外国法人税の還付（同法69①）

を受けることができる。

　内国法人が解散した場合に、残余財産がないと見込まれるときは、青色欠損金及び災害欠損金以外の欠損金（以下「期限切れ欠損金」という。）について、青色欠損金等の控除後（かつ最終事業年度の事業税の損金算入前）の所得金額を限度として、損金算入が認められる（同法59③、法人令118）。

エ　期限切れ欠損金を利用する場合

i　期限切れ欠損金の損金算入

　内国法人が破産した場合に、残余財産がないと見込まれるときは、期限切れ欠損金について、青色欠損金等の控除後の所得金額を限度として、損金算入が認められる（法人59③、法人令118）。

　この規定の適用を受けようとする場合、「残余財産がないと見込まれることを説明する書類」を添付することとされている（法人規26の6①三）。

ii　残余財産がないと見込まれることの意義と説明書類

　「残余財産がないと見込まれる」かは、一般的には、実態貸借対照表によって、その法人が債務超過の状態にあるかどうかにより確認することができ、「残余財産がないと見込まれることを説明する書類」は、例えば、この実態貸借対照表が該当する（法基通12－3－9）。

　残余財産がないと見込まれることを説明する書類は、破産手続において作成された書類によることができ、破産手続開始決定書の写しはこの説明書類に該当するものとして取り扱う。清算事業年度の申告に当たり、期限切れ欠損金の利用を行う場合には、説明書類として、破産手続開始決定書の写しを添付する。

　期限切れ欠損金の利用は、残余財産がないと見込まれることの説明書類があり、かつ、確定申告書に期限切れ欠損金の損金算入に関する明細の記載がある場合に限り、適用が認められる（法人59④）。

iii　実在性のない資産

　破産手続に従って清算が行われる場合における期限切れ欠損金額の損金

算入措置の適用上、実在性のない資産については、過去の帳簿書類等の調査結果に応じて、それぞれ次のとおり取り扱う（「平成22年度税制改正に係る法人税質疑応答事例（グループ法人税制その他の資本に関係する取引等に係る税制関係）（情報）」問11実在性のない資産の取扱い）。

(a)　過去の帳簿書類等を調査した結果、実在性のない資産の計上根拠（発生原因）等が明らかである場合

　　実在性のない資産の発生原因が更正期限内の事業年度中に生じたものである場合には、法人税法第129条第１項の規定により、法人において当該原因に応じた修正の経理を行い、かつ、その修正の経理を行った事業年度の確定申告書を提出した後、税務当局による更正手続を経て、当該発生原因の生じた事業年度の欠損金額（その事業年度が青色申告の場合は青色欠損金額、青色申告でない場合には期限切れ欠損金額）とする。

　　実在性のない資産の発生原因が更正期限を過ぎた事業年度中に生じたものである場合には、税務当局による更正手続はないものの、実在性のない資産は当該発生原因の生じた事業年度に計上したものであることから、法人において当該原因に応じた修正の経理を行い、その修正の経理を行った事業年度の確定申告書上で、仮に更正期限内であればその修正の経理により当該発生原因の生じた事業年度の損失が増加したであろう金額をその事業年度から繰り越された欠損金額として処理する（期首利益積立金額から減算する。）ことにより、当該発生原因の生じた事業年度の欠損金額（その事業年度が青色申告であるかどうかにかかわらず期限切れ欠損金額）とする。

(b)　過去の帳簿書類等を調査した結果、実在性のない資産の計上根拠（発生原因）等が不明である場合

　　裁判所が関与する破産等の法的整理手続、又は、公的機関が関与若しくは一定の準則に基づき独立した第三者が関与する私的整理手続を経て、資産につき実在性のないことが確認された場合には、実在性のないこと

の客観性が担保されていると考えられる。このように、客観性が担保されている場合に限っては、その実在性のない資産がいつの事業年度でどのような原因により発生したものか特定できないとしても、その帳簿価額に相当する金額分だけ過大となっている利益積立金額を適正な金額に修正することが適当と考えられる。したがって、このような場合にあっては、法人において修正の経理を行い、その修正の経理を行った事業年度の確定申告書上で、その実在性のない資産の帳簿価額に相当する金額を過去の事業年度から繰り越されたものとして処理する（期首利益積立金額から減算する。）ことにより、期限切れ欠損金額とする。

(3) 最終事業年度（残余財産の確定の日を含む事業年度）

ア 申告期限等

破産手続中の法人の残余財産が事業年度の中途において確定した場合に、その事業年度開始の日から残余財産の確定の日までの期間を最終事業年度という（法人14①二十一）。破産会社の残余財産が確定した場合には、事業年度開始の日から残余財産の確定の日までを1事業年度とみなし（同項二十一）、当該事業年度に係る確定申告を行うことになる（法人74②）。

ここにいう「残余財産の確定の日」については、破産の場合、破産財団に帰属する財産全部の換価処分を完了したときと解されている。申告期限は、事業年度終了の日の翌日から1か月以内である（同条②）。

イ 破産管財人の申告義務

破産管財人は、換価処分を完了した後、速やかにその結果を記載した収支計算書を裁判所に提出したうえ、清算確定申告をする。必要であれば、裁判所書記官から換価が終了した旨の証明書の交付を受けて確定申告をする。

ウ 還付

最終事業年度においても、清算事業年度において受けられる各還付を受けられる。

なお、仮装経理に基づく過大申告の場合の更正に伴う法人税額の還付の特例

につき、最終事業年度において控除しきれなかった金額がある場合には、当該金額を還付することとされている（法人135③一）。

エ　期限切れ欠損金の損金算入

最終事業年度についても、残余財産がないと見込まれるときは、期限切れ欠損金の損金算入ができる。内容は、通常の清算事業年度に係るものと同様である（同法59③）。

2　債務免除等があった場合の欠損金の損金算入

法人税法では、青色欠損金及び災害欠損金の繰越期間は最長 7 年間で、期限切れ欠損金は、通常は控除することができない（法人57、58）。しかし、債務超過会社である破産会社においても、①資産を簿価よりも高価に処分したとき、②特定の債務について債権者から免除を受けたときなどには、これらにより生ずる益金に見合う損金がない場合、課税が生ずる可能性がある。

そこで、このような場合には、残余財産がないと見込まれる場合の期限切れ欠損金の損金算入の制度を使って課税されないようにしなければならない（同法59③）。

破産手続開始の決定があった場合において、期限切れ欠損金を利用できる一定の場合に該当するときは、損金算入限度額に達するまでの金額をその該当することになった事業年度の損金の額に算入することが認められる（同法59、法人令117三、118、法基通12－ 3 － 2 ～ 12－ 3 － 9 ）。

期限切れ欠損金を利用できる一定の場合とは、次の①、②の場合をいう。

①　破産法に規定する破産債権（破産手続開始前の原因に基づいて生じた財団債権を含む。）を有する者からその破産債権につき債務免除を受けた場合（債務免除以外の事由により債務が消滅した場合を含む。）

②　破産手続開始に伴い役員若しくは株主等から私財提供を受けた場合

なお、次のうち、最も少ない金額が損金算入限度額とされる。

①　債務免除額（消滅益を含む。）と私財提供された金銭その他の資産の価額の

合計額

② 繰越欠損金額（法人税の申告書の別表五㈠Ⅰ「期首現在利益積立金額」の差引合計額のマイナス記入された金額）から当期に損金算入される青色欠損金額又は災害欠損金額を控除した金額

③ この規定を適用しないで計算した当期の所得金額（法人税の申告書の別表四（36）差引計の金額から青色欠損金額又は災害欠損金額を控除した金額）

3 破産手続開始の決定があった場合の消費税

⑴ 申告、納付期限

事業者は、課税期間ごとに、当該課税期間の末日の翌日から2か月以内に、消費税の確定申告書を税務署長に提出し、消費税を納付しなければならない。

破産管財人は、解散事業年度に課税資産の譲渡等があった場合において、納付すべき消費税が見込まれる場合、免税事業者に該当しない限り、確定申告の必要がある。

また、破産管財人は、清算中の法人につき消費税が課税される旨の規定があるので（消費45④）、破産の場合にも法人税法の「清算」の規定が適用されるとする最高裁判例（最高裁平成4.10.20判決）の流れからすると、消費税についても納税義務があると解される。

⑵ 破産開始後の課税取引に係る消費税の破産法上の位置づけ

財団債権になると解されている（破産148①二）。

4 地方税の破産手続上の取扱い

⑴ 法人住民税

ア 破産手続開始以前の事業年度のもの

破産手続開始当時まだ納期限が到来していないもの、又は納期限から1年を経過していないものは、財団債権となる（破産148①三）。

破産手続開始当時納期限から1年以上経過しているものは、優先的破産債権

となる（同法98、地方14）。

　イ　破産手続開始後のもの

　法人住民税均等割部分は、破産財団に関する費用として財団債権となる（破産148①三）。

　管財人は、この課税を逃れるため、速やかに廃止届を提出するのが望ましい。

　法人税割部分は、劣後的破産債権となる（同法99①一、97④）。

(2)　法人事業税

　所得割部分は、清算中の事業年度についても課される（地方72の29①）。

　破産手続開始当時まだ納期限が到来していないもの、又は納期限から1年を経過していないものは、財団債権となる（破産148①三）。破産手続開始当時納期限から1年以上経過しているものは、優先的破産債権となる（同法98、地方14）。

　資本割の課税標準は、事業年度終了日の資本の額及び資本積立金の合計額であるが、清算中の法人には当該合計額はないものとみなされているので、課税されない（地方72の14、72の18）。

　付加価値割の課税標準は、各事業年度の付加価値額であり（同法72の12①イ）、清算中に、含み益のある資産を処分したことにより単年度黒字になり、単年度損益が計算されるような場合、課税され得る（同法72の14、72の18参照）。

(3)　固定資産税

　破産財団に属する不動産の開始決定後に生じる固定資産税は、財団債権となる（破産148①二）。

　固定資産税は、賦課期日である1月1日に所有名義人である者に4月1日から始まる年度の1年分が課税され、年の途中で任意売却等により移転登記があった場合でも、破産会社の名義であった期間分だけ日割計算して納税することは認められない。通常は、不動産売買の当事者間において、固定資産税の日割り分相当額を清算して対応するが、破産の場合も、破産管財人と買主との間の合意によって同様の清算がなされると思われる。

(4) 自動車税

破産財団に属する自動車について、開始決定後に生ずる自動車税は、財団債権となる（破産148①二）。

自動車税は、自動車の主たる定置場所所在の都道府県において、4月1日を賦課期日として、当該自動車の所有者に対して課される（地方145①、148）。法定納期限は、原則として5月中の都道府県の条例が定める日である（同法149）。

5 破産管財人の源泉徴収義務

(1) 破産手続開始前の源泉所得税

所得税法第28条第1項の給与所得に規定する給与等の支払者は、その支払の際、その給与等について所得税を徴収し、その徴収の日に属する月の翌10日までに、これを国に納付しなければならない（源泉徴収義務。所得183①）。

源泉徴収による所得税の納付義務は、給与等の現実の支払時点で成立する（通則15②二）。よって、破産者が、破産手続開始前に、従業員等に給与等を支払い、源泉所得税を徴収したものの、国への納付未了のまま破産手続開始決定を受けた場合、未納額のうち、納期限が到来していないもの又は納期限から1年を経過していないものは財団債権となり（破産148①三）、納期限から1年を経過したものは優先的破産債権となり（同法98①）、管財人に納付義務がある。

(2) 管財業務遂行上の給与、報酬の支払における源泉徴収義務

破産管財人が、管財業務を遂行するため、履行補助者として、破産者の元従業員を雇用して給料を支払ったときや、税理士の補助を受けた場合に報酬を支払ったときは、管財人に源泉徴収義務がある（所得183①、204①二）。

よって、管財人は、これらの支払の際に、所得税を徴収し、その徴収の日の属する月の翌月10日までに、これを国に納付しなければならない。

(3) 未払給与、退職金に対する配当における源泉徴収義務

平成23年1月14日最高裁判決は、破産管財人が破産債権である所得税法第199条所定の退職手当等の債権に対する配当の際に、その退職手当について源泉徴収

義務はないとした。

　すなわち、「所得税法第199条の規定が、退職手当等の支払をする者に所得税の源泉徴収義務を課しているのも、退職手当等の支払をする者がこれを受ける者と特に密接な関係に（中略）よるものである。破産管財人は、破産手続を適正かつ公平に遂行するために、破産者から独立した地位を与えられて、法令上定められた職務の遂行に当たる者であり、破産者が雇用していた労働者との間において、破産宣告前の雇用関係に関し直接の債権債務関係に立つものではなく、破産債権である上記雇用関係に基づく退職手当等の債権に対して配当する場合も、これを破産手続上の職務の遂行として行うのであるから、このような破産管財人と上記労働者との間に、使用者と労働者との関係に準ずるような特に密接な関係があるということはできない。また、破産管財人は、破産財団の管理処分権を破産者から承継するが、破産宣告前の雇用関係に基づく退職手当等の支払に関し、その支払の際に所得税の源泉徴収をすべき者としての地位を破産者から当然に承継すべき法令上の根拠は存しない。そうすると、破産管財人は、上記退職手当等につき、所得税法第199条にいう「支払をする者」に含まれず、破産債権である上記退職手当等の債権に対する配当の際にその退職手当等について所得税を徴収し、これを国に納付する義務を負うものではないと解するのが相当である。」と判示した。

(4)　管財人報酬の源泉徴収義務

　弁護士である破産管財人は、自らの報酬について源泉徴収義務を負い、報酬に係る源泉所得税は財団債権に当たる（大阪高裁平成20.4.25判決）。

(5)　住民税の特別徴収と管財人による異動届

　地方税法は、徴収納付のことを特別徴収と呼ぶ（地方1①九）。給与所得者の住民税は、ほとんどが、特別徴収の方法によっている（同法321の3①）。

　特別徴収義務者である法人又は個人は、破産手続開始によって、給与の支払ができず、特別徴収事務を行うことができなくなるから、管財人は、市区町村に対して異動届出書を提出し、普通徴収に切り替える手続をとる（同法321の7）。

6　交付要求に対する延滞税（延滞金）の減免等

(1)　交付要求金額に相当する金額を確保したことによる免除

　破産管財人は、国税徴収法上の執行機関であり、執行機関が、国税徴収法に規定する交付要求により交付を受けた金銭を当該交付要求に係る国税又は地方税に充てた場合、執行機関が強制換価手続において当該金額を受領した日の翌日からその充てた日までの期間の延滞税（地方税の場合は延滞金）は免除することができるとする定めがある（通則63⑥四、通則令26の2一、地方20の9の5②三、地方令6の20の3）。

　破産管財人が破産手続において当該金銭を受領した日の翌日から充てた日までの期間の延滞税（地方税の場合は延滞金）は免除を受けることができる。

　実務的には、管財人が交付要求に係る金額の確保ができたことについて、交付要求庁に対し、普通預金口座の通帳写しを送付して証明し、確保時点以後の延滞税等の免除を受ける。

(2)　やむを得ない事由による延滞金の減免（地方税）

　都道府県知事、市町村長等は、納税者又は特別徴収義務者が、法人事業税、市町村民税、固定資産税を、納期限までに納入しなかったことについて、やむを得ない事由があると認める場合、延滞金を減免することができるとされている（地方72の45③、326③、369②）。

　実務上、破産管財人が地方税機関に交渉すると、地方税の延滞金に係る減免について、認めてもらえる場合が多い。

第 3 節　個人破産の税務

　破産手続開始決定・同時廃止の決定後、裁判所は、破産者について免責許可の決定をすることの当否について、債権者が意見を述べることができる期間を定めて各債権者に通知し、必要があれば、再度破産者を審尋することもある。裁判所は、その期間内に出された債権者からの意見を考慮して、免責の許可の決定をし、免責許可決定も官報に公告され債権者からの不服申立てがなければ確定する。

　免責許可決定が確定しても、税金や罰金、故意に債権者一覧表に記載しなかった請求権、不法行為に基づく損害賠償請求権、養育者又は扶養義務者として負担すべき費用に関する債権などは「非免責債権」と呼ばれ、支払義務は免除されない。

1　所得税
(1)　課税期間
　個人の破産では、法人と異なり、解散して法人格が消滅することはない（会社471⑤、641六）。

　したがって、法人の解散の場合に適用される（みなし事業年度）の定めのような年度区分などはなされず、年の途中で破産開始決定を受けた場合においても、破産財団に帰属する財産と自由財産との区別を行わず、1年間（1月1日から12月31日の暦年）を通じた所得について、確定申告を行う。

(2)　申告、納付期限
　確定申告書の提出期限及びそれに基づく所得税の納付期限は、毎年の3月15日である（所得120①、128）。申告義務がある者の還付申告書は、1月1日から提出できる（同法120⑥）。

(3)　申告義務
　申告義務は破産者個人が行い、破産管財人に申告義務はない。

(4) 破産開始決定後に生じた所得に係る所得税の破産法上の位置付け

　破産開始決定後に、破産財団に帰属する財産に関し、破産者個人に所得が生ずるときがある。

　この場合、当該所得に係る所得税は、財団債権とはならず、破産手続開始前の原因に基づいて発生したものではないので、破産債権にもならない（破産2⑤）。

　したがって、破産者個人が所得税の申告、納税義務を負った上で、自由財産から納税原資を捻出しなければならないことになる。

(5) 譲渡所得に対する非課税

　破産管財人が、破産財団に帰属する財産を処分したとき、譲渡所得が生ずるときがある。

　しかし、所得税法第9条第1項第10号は、資力を喪失して債務を弁済することが著しく困難な場合における国税通則法第2条第10号に規定する強制換価手続による資産の譲渡による所得には、所得税を課さない旨を定めている。破産手続は上記同号に規定されている強制換価手続であり、この場合の譲渡所得に対する所得税は課税されない。

(6) 還付

　以下の場合には、所得税の還付が受けられるので、破産管財人は、破産者本人に申告させ、還付金を破産財団に組み入れるべきである。

　①　源泉所得税額の控除不足額があるときの還付（所得138、120①六、123②七）

　②　予納税額の還付（同法139、120①八、123②八）

　③　純損失の繰り戻しによる還付（同法140）

　破産者が青色申告をしているときは、その年において生じた純損失の金額がある場合、前年分の所得税について、当該純損失の金額を繰り戻して計算した所得税の額との差額の還付を受けることができる。

2　消費税

(1)　納税義務者

　破産者が個人事業者である場合には、法人と同様に、消費税が課税される。この場合、個人事業者の場合も、基準期間の課税売上高が 1,000万円以下のときは、消費税は免税される。

　課税対象となるのは、典型的には、破産財団に帰属する賃貸建物から得られる賃料や、破産財団に属する建物を売却した売買代金などである（消費 6 ①）。

　他方、破産者が個人事業者でない場合には、破産財団に帰属する建物等を破産管財人が売却する場合でも、消費税は課税されない。

(2)　課税期間

　個人事業者の場合、原則として、暦年である（消費19①一）。

(3)　申告、納付期限

　確定申告及び納付の期限は、個人事業者の場合、課税期間の翌年 3 月31日である（消費45、措置86の 4 ①）。

(4)　申告義務

　破産者が法人の場合と同様、破産者が個人事業者の場合、管財人が、破産手続開始後に、消費税の課税対象である資産の譲渡を行えば、破産管財人に消費税の申告、納税義務があると解さざるを得ない。

(5)　破産手続開始後になされた課税取引に係る消費税の破産法上の位置付け

　破産手続開始後に、個人事業者が資産を売却した場合の消費税は財団債権になると解されている。

　したがって、破産管財人が資産を売却する場合、外税にして転嫁しておくことが望ましい。

(6)　還付

　法人の場合と同様、売上に係る消費税額から仕入れに係る消費税額等を控除してなお不足額があるときは、申告書に不足額を記載することで還付を受けられる（消費52、45①五）。

3 地方税

(1) 個人住民税・個人事業税

ア 個人住民税

個人住民税は、都道府県の個人住民税（地方23）と市町村の個人住民税に分かれ（同法292）、いずれも均等割と所得割がある。均等割とは、地方団体内の住所又は事業所等を有する個人を納税義務者として均等額で課される住民税であり（同法23①一、24①一、二、38、292①一、310）、所得割とは、地方団体内に住所を有する個人を納税義務者として前年の所得について算定した総所得金額、退職所得金額及び山林所得金額から各種の控除を行った残額を課税標準として課される住民税である（同法23①二、24①一、35、36、292①二、294①一、314の3①、314の4）。

破産の場合における個人住民税の扱いは、所得割、均等割を問わず、次のとおりである。

i 破産手続開始の日が属する年の前年までの所得に対する課税分

破産手続開始当時まだ納期限が到来していないもの、又は納期限から1年を経過していないものは財団債権となり（破産148①三）、破産手続開始当時納期限から1年以上経過しているものは優先的破産債権となる（同法98、地方14）。

ii 破産手続開始の日の属する年以後の所得に対する課税分

劣後的破産債権になる（破産99①一、97四）。

イ 個人事業税

個人が行う事業に対する事業税は、事業の種類に応じて、その所得を課税標準として課される（地方72の2③、72の49の7）。

破産手続開始の日が属する年より前の年の所得に対する個人事業税は、他の税目と同様、財団債権（破産148①三）と優先的破産債権（同法98）とされ、破産手続開始の日の属する年以後の所得に対する課税分は、劣後的優先債権となる（同法99①一、97四）。

⑵　固定資産税

　破産財団に属する不動産の開始決定後に生じる固定資産税は、財団債権となる（破産148①二）。

　固定資産税は、賦課期日である 1 月 1 日に所有名義人である者に 4 月 1 日から始まる年度の 1 年分が課税され、年の途中で任意売却等により移転登記があった場合でも、破産者の名義であった期間分だけ日割り計算して納税することは認められない。通常は、不動産売買の当事者間において、固定資産税の日割り分相当額を清算して対応するが、破産の場合も、破産管財人と買主との間の合意によって同様の清算がなされると思われる。

4　免責と租税債権

　免責許可の決定が確定したときは、破産者は、破産手続による配当を除き、破産債権について、その責任を免れる（破産253①本文）。しかし、租税等の請求権については、免責の効果は及ばないため、破産者は、免責許可決定を受けても租税債務を免れない。

5　個人破産者が債務免除、免責を受けたときの課税問題

　法人が、個人の破産者に対し、債務免除（債権放棄を含む。）をした場合又は破産者が免責を受けた場合、所得税については、当該破産者が、一時所得、事業所得等の収入を得たことになるとも考えられる。

　しかし、所得税法第44条の 2 第 1 項は、債務免除益の特例として、破産法に規定する免責許可の決定を受けた場合にその有する債務の免除を受けたときは、当該免除により受ける経済的な利益の価額については、各種所得の金額の計算上収入金額又は総収入金額に算入しないものとすると定めており、個人破産者は、所得税は課税されない。

　個人が、個人の破産者に対し、債務免除（債権放棄を含む。）をした場合も、所得税は上記債権者が法人の場合と同様に所得税法第44条の 2 第 1 項により課税さ

ただい。

第 4 節　破産における債権者の税務

　破産申立てがされた場合、法人の有する金銭債権につき、その法人債務者（破産者）の資産状況、支払能力等からみてその全額が回収できないことが明らかになった場合には、その明らかになった事業年度において貸倒れとして損金経理をすることができるという法人税基本通達 9 － 6 － 2 の適用が問題となる。

1　破産手続開始の申立てがあったとき

　破産手続開始の申立てがあった段階で、個別評価により当該債権額（担保権実行などで回収が見込まれる部分を除く。）の50％相当額の貸倒引当金勘定への繰入れが可能となる（法人52①、法人令96①三ハ、所得52①、所得令144①三ハ）。

　破産申立てがなされた場合、貸倒れが生ずることがほぼ確実であるから、破産手続終結時を待たず、その時点で貸倒損失見込額を引当金として見込計上することを形式基準で認めたものである。

　なお、債務者の債務超過の状態が相当期間継続し、かつ、その営む事業に好転の見通しがない場合には、回収不能見込額の貸倒引当金の繰入れが認められる（法人令96①二）。この場合の相当期間とは、おおむね 1 年以上とされ、その債務超過に至った事情と事業好転の見通しをみて判定される（法基通11－ 2 － 6 ）。

2　破産手続開始決定後終結前の処理

　破産手続終結前であっても、破産管財人から配当零の証明がある場合等今後の配当等が見込まれない場合は、全額の回収不能が明らかであるから、法人税基本通達 9 － 6 － 2 を適用し、貸倒損失として損金経理を行い、債権者が法人の場合には、当該法人のその事業年度の損金に算入することができると解されている（国税不服審判所平成20. 6 .26裁決）。

3 破産手続終結時の処理

(1) 債務者が法人の場合

　法人税基本通達9－6－1は、会社更生法、民事再生法等により債権が切り捨てられた場合の規定であるが、破産者が法人の場合、手続が終結した場合に債権が法律的に切り捨てられるという手続がないので、同通達を適用して貸倒損失とすることはできない。

　しかし、破産手続が終結すれば、法人格が消滅し、回収不能になることが明らかな場合に該当させて、法人税基本通達9－6－2を適用し、貸倒損失として処理することができる。

(2) 債務者が個人の場合

　破産者が個人の場合、免責手続があるので、貸倒損失として処理できるのは免責許可決定時と考えられる。しかし、債権調査日以降においては、破産債権が確定し、破産者である債権者の資産状況、支払能力等が確定するから、債権調査日以降において、貸倒損失として処理することができると解されている（国税不服審判所平成9.9.19裁決）。

　同時廃止（破産216）及び異時廃止（同法217）の場合は、破産手続の費用の支弁すら不可能な状態であり、破産債権が全額回収不能なことは明らかとして廃止決定時点で破産手続が終了するから、廃止決定時に法人税基本通達9－6－2、所得税基本通達51－12により貸倒損失として処理することができる。

第 5 節 租税債権の破産手続における位置づけ

破産は、支払不能又は債務超過にある債務者について、利害関係人の利害及び債権者、債務者間の権利関係を適切に調整しつつ、債務者の財産の適正、公平な清算及びその経済生活の再生の機会を図ることを目的とした清算型の倒産処理手続で、破産管財人の管理処分権の下で債務者（破産者）の財産を換価し配当するもので、滞納処分が制限される。

1 租税債権の破産法上の位置づけ

⑴ 破産債権の区分

破産法上、租税債権は、財団債権、優先的破産債権及び劣後的破産債権の 3 種に区分される。

租税債権は、原則は、財団債権として、破産債権に先立って弁済される（破産148①三、151）。租税は、国や地方公共団体の存立基盤であって、確実な徴収が必要であるからである。

しかし、破産手続開始当時、納期限から 1 年を経過している租税債権は、優先的破産債権となる（同法98①、徴収 8 、地方14）。

そして、破産手続開始前の原因に基づいて生じた租税等の請求権（本税）に係る加算税又は加算金は、劣後的破産債権とされている（破産99①一、97③）。これは、加算税、加算金が申告義務違反又は納付義務違反に対する制裁的趣旨を有する点で、劣後的破産債権である罰金等（同法97⑥）と同様の性格を有するため、これと同一の取扱いをするのが妥当であるという考え方に基づく。

▶破産債権の区分

財団債権	最優先	破産手続開始後の原因に基づく租税等の請求権で「破産財団の管理・換価及び配当に関する費用の請求権（破産148①二）」に該当するもの 例えば、破産財団に帰属する財産の管理、換価に伴って発生する消費税、固定資産税、自動車税等。なお、破産管財人の報酬の源泉所得税も財団債権とされる。
	次順位	破産手続開始前の原因に基づいて生じた租税債権であって、破産手続開始当時、まだ納期限が到来していない、又は納期限から１年を経過していない本税（破産148①三） 財団債権たる本税に係る延滞税、利子税、延滞金
優先的破産債権		破産手続開始前の原因に基づいて生じた租税債権であって、破産手続開始当時、納期限から１年を経過した本税（破産98、徴収8、地方14） 優先的破産債権たる本税に係る延滞税、利子税、延滞金のうち破産手続開始前までに生じたもの（破産98）
劣後的破産債権		加算税、加算金（破産99①一、97五） 優先的破産債権たる本税に係る延滞税、利子税、延滞金のうち破産手続開始後に生じたもの（同法99①一、97三） 破産手続開始後の原因に基づいた租税債権のうち破産財団の管理、換価に関する費用に該当しないもの（同法99①一、97四） 劣後的破産債権たる本税に係る延滞税、利子税、延滞金

(2) 租税債権の区分

これを租税債権の側から整理すると以下のとおりとなる。

▶租税債権の区分

本税	破産手続開始前の原因に基づく租税債権	破産手続開始当時まだ納期限が到来していないもの、又は納期限から1年を経過していないもの	財団債権 （破産148①三）
		破産手続開始当時、納期限から1年以上経過しているもの	優先的破産債権 （同法98、徴収8、地方24）
	破産手続開始後の原因に基づく租税債権	破産財団の管理、換価に関する費用に該当するもの	財団債権 （破産148①二）
		破産財団の管理、換価に関する費用に該当しないもの	劣後的破産債権 （同法99①一、97四）
延滞税 利子税 延滞金	財団債権たる租税債権に係るもの		財団債権 （同法148①四）
	優先的破産債権たる租税債権に係るもの	破産手続開始までに生じたもの	優先的破産債権 （同法98）
		破産手続開始後に生じたもの	劣後的破産債権 （同法99①一、97三）
加算税、加算金			劣後的破産債権 （同法99①一、97五）

(3)　財団債権間の優先順位

　財団債権は、破産手続によらず、破産財団から随時弁済を行うことができる（破産2⑦）。

　しかし、破産財団が財団債権の総額を弁済するために不足することが明らかになった場合には、破産法第148条第1項第1号及び第2号の財団債権が他の財団債権より優先する（同法152②）。

　よって、財団不足が生じた場合は、破産手続開始後の原因に基づく租税債権のうち破産財団の管理、換価に関する費用に該当するものが、破産手続開始当時まだ納期限が到来していない租税債権、納期限から1年を経過していない租税債権、及び財団債権たる本税に係る延滞税、利子税、延滞金に優先する。

　なお、財団の不足が生じた場合は、破産法第152条第2項を例外として、法令に定めた優先権にかかわらず、未弁済額に応じた平等弁済をなすとされていることから（同法152①）、財団債権においては、優先的破産債権と異なり、公租と公課の間で優劣はない。

⑷　優先的破産債権間の優先順位

　優先的破産債権の優先順位は、民法、商法その他の法律の定めるところによるとされているところ（破産98②）、国税徴収法第8条に国税優先の原則が規定され、地方税法第14条に地方税優先の原則が規定され、公課については国税及び地方税に次ぐ先取特権を有する旨の規定がある（国民年金法98、厚生年金保険法88、健康保険法182、国民健康保険法80④等）。

　なお、租税債権に関する交付要求先着手主義は、破産手続には適用除外であることから（徴収13かっこ書、地方14の7かっこ書）、交付要求の前後にかかわらず、租税間では平等に扱われる。

　配当原資が、優先的破産債権に該当する公租の合計額に満たない場合は、公租の額を按分して配当する。また、配当原資が、優先的破産債権たる公租の合計額は超えるが、優先的破産債に該当する公租公課の合計額に満たない場合は、公租に全額を配当した上で、残額を公課に按分して配当する。

▶優先的破産債権間の優先順位

第1順位	公租	国税、地方税
第2順位	公課	各種社会保険、下水道代金等
第3順位	私債権	優先的破産債権に該当する労働債権等

2　否認の特例

　破産法は、租税債権について担保の供与又は債権の消滅に関する行為には、偏頗行為否認の規定は適用しない旨を定めている（破産163③）。その趣旨は、租税や罰金は公法上の請求権であり、その保護が政策的に要請されるもので、いった

ん弁済された場合には事後の返還になじまない性質の請求権であるからである。

　会社更生法第87条第3項にも同様の規定があるが、民事再生法は租税債権の行使に制約を課していないことに対応してこのような規定がない。

3　財団債権に属する租税に係る交付要求

　破産手続開始の決定がされた場合、租税債権者は、財団債権である租税債権について、速やかに、破産管財人に対して交付要求書により交付要求しなければならない（徴収82、2十三）。

　交付要求をした財団債権に属する租税債権については、破産管財人から随時弁済を受けることができる（同法82①、破産151）。

　また、財団債権については、配当の手続に参加することができる破産債権者に対する配当額の定めがなされ、この通知がされたとき（同法201、203）に破産管財人に知れていない財団債権は、配当をすることができる金額から弁済を受けることができなくなることから（同法203）、速やかに交付要求をする必要がある（徴基通82-3(1)、破産規則50①）。

4　破産債権に属する租税債権に係る交付要求

　租税債権のうち、優先的破産債権又は劣後的破産債権については、遅滞なく、破産裁判所に対して交付要求書により交付要求しなければならない（徴収82、破産114、徴基通82-3(2)）。

　交付要求をした破産債権に属する租税債権については、破産手続から配当を受けることになる。

　破産債権について配当を受けるためには、交付要求書により債権届出を行うが、租税債権については、他の債権に関する破産債権の調査、確定の規定は適用されず、調査を経ないで破産債権者表に記載される（破産115、134①）。

　破産管財人は、届出のあった租税債権について、その届出があったことを知った日から1か月以内に通則法に定める不服申立ての方法で異議を主張することが

でき、破産手続開始当時に訴訟が継続するときは、訴訟手続を受け継がなければ
ならない（同法134②、③、④）。

5　破産手続と滞納処分

　破産財団に属する財産について破産手続開始の決定前に既に滞納処分（差押え
及びこれに続く処分）に着手しているときは、破産手続開始の決定後もその滞納
処分を続行することができる（破産43②）。この場合の滞納処分には、破産手続
開始の決定前に行った参加差押え、債権の二重差押え、滞納処分と強制執行等と
の手続の調整に関する法律の規定による二重差押えが含まれる。

　破産手続開始の決定前に原債権を差し押さえた後、原債権が供託された場合に
おける供託金還付請求権の差押えは、原債権の差押えの続行手続であり、破産手
続開始の決定後であってもすることができる。

6　租税債権者の交付要求に係る配当金の交付先

　租税債権者の交付要求がなされている租税債権につき、他方で、別除権行使と
しての不動産競売がなされている場合、その競売手続における配当金の交付先を、
租税債権者とすべきか、管財人とすべきかという問題がある。

　判例は、抵当権者による競売申立てが破産手続に時系列的に先行している事案
において、破産手続開始前に国税徴収法又は国税徴収の例による差押え又は参加
差押えがある場合を除き、配当金は破産管財人に交付すべきものとした（最高裁
平成9.11.28判決、判時1626号77頁）。また、国が滞納処分としての差押えをした後
に、滞納者が破産し、地方公共団体が交付要求したという事例においても、配当
金は破産管財人に交付すべきものとされた（最高裁平成9.12.18判決、判時1628号21
頁）。

7　租税債権を第三者納付した保証人の地位

　滞納者とは別の第三者が、保証債務を履行するなどして、破産者に対する租税

債権を代位により取得し（民法501）、破産財団に対して権利行使するときがある。

　この場合に、当該第三者の取得した租税債権が、財団債権として扱われるか、単なる破産債権として扱われるか（優先性が維持されるか）という問題がある。

　この点について、東京高裁平成17年 6 月30日判決（金商1245号12頁）は、旧破産法下の事案についてであるが、控訴人（民間銀行）が保証債務の履行として破産会社の関税等を支払ったことにより本件租税債権を民法第501条の弁済による代位によって取得したとし、旧破産法第47条第 2 項の財団債権に当たるとして、被控訴人に対し本件租税債権の支払を求めたという事案において、「旧破産法等倒産手続法上付与された優先的な効力は、租税債権の内在的なものとして保有する固有の権利内容ではなく、各倒産手続法の立法政策上の判断によって創設的に付与されたものと解すべきである。そうすると、以上のような同項の趣旨に照らすと、私人が民法第501条の代位による弁済によって租税債権を取得した場合には、もはや当該私人にまで租税債権としての優先的な効力を付与すべき理由がなくなる。」として、控訴人が代位によって取得した租税債権は、財団債権には当たらず、破産債権である求償権の限度でのみ効力を認めれば足りるものと判示した。

第8章　債権者の税務

　再建手続が行われた場合の債権者の税務問題は、債務者に対して有する債権の評価であり、具体的には、貸倒引当金又は貸倒損失の計上の可否になる。

　ここでは、再建手続にあって共通的な事柄について取り上げる。

第1節　債権届出を失念した場合の債権の取扱い

1　民事再生手続の場合

　民事再生手続においては、債権届出期間内に再生債権の届出をしなかった債権者は、原則として、再生手続に参加することができない。しかし、再生債務者は、届出がされていない再生債権があることを知っている場合には、当該再生債権について、自認する内容等を認否書に記載しなければならないとされている（民事再生101③）。自認債権については議決権を行使すること等の積極的な手続関与は認められないが、再生債権の調査及び確定の手続の対象となり、再生計画の定めによる弁済を受けることができる（同法179）。

　債権届出を失念した再生債権については、自認債権として弁済を受けることができるため、債権届出期間の経過によって消滅するという可能性は低く、再生計画認可の決定の確定のあったときに免責されるのが通常となるが、税務上は当該再生債権については再生計画認可の決定のあった日において再生債権のうち切り捨てられることとなった部分の金額について貸倒れとして処理することができる（法基通9－6－1⑴）。

2 会社更生手続の場合

　会社更生手続においては、更生債権者及び更生担保権者（以下「更生債権者等」という。）は、その有する更生債権及び更生担保権（以下「更生債権等」という。）をもって更生手続に参加することができる（会社更生135①）。しかし、更生債権者等が更生手続に参加し、弁済を受けるためには、裁判所にその有する更生債権等の届出を行い（同法138）、債権調査手続を経て、更生債権が確定されなければならないと定められている。

　したがって、債権届出期間内に届出がない更生債権等については、責めに帰すことができない理由がある場合を除いて、原則として届出期間経過の届出を許さないものとされ、未届出債権で、債権調査及び確定の手続の対象とならなかった更生債権等については、更生計画認可決定があると、原則として免責されることになる（同法204①）。

　債権届出期間内に届出がなかった更生債権等について、更生計画認可決定のあったときに免責されることから、税務上も当該更生債権等については更生計画認可決定のあった日において更生債権等の全額について貸倒れとして処理することができる（法基通14−3−7）。

第 2 節　法律上の貸倒れ

▶法人税基本通達

（金銭債権の全部又は一部の切捨てをした場合の貸倒れ）

9－6－1　法人の有する金銭債権について次に掲げる事実が発生した場合には、その金銭債権の額のうち次に掲げる金額は、その事実の発生した日の属する事業年度において貸倒れとして損金の額に算入する。

(1)　更生計画認可の決定又は再生計画認可の決定があった場合において、これらの決定により切り捨てられることとなった部分の金額

(2)　特別清算に係る協定の認可の決定があった場合において、この決定により切り捨てられることとなった部分の金額

(3)　法令の規定による整理手続によらない関係者の協議決定で次に掲げるものにより切り捨てられることとなった部分の金額

　イ　債権者集会の協議決定で合理的な基準により債務者の負債整理を定めているもの

　ロ　行政機関又は金融機関その他の第三者のあっせんによる当事者間の協議により締結された契約でその内容がイに準ずるもの

(4)　債務者の債務超過の状態が相当期間継続し、その金銭債権の弁済を受けることができないと認められる場合において、その債務者に対し書面により明らかにされた債務免除額

▶所得税基本通達

（貸金等の全部又は一部の切捨てをした場合の貸倒れ）

51－11　貸金等について次に掲げる事実が発生した場合には、その貸金等の額のうちそれぞれ次に掲げる金額は、その事実の発生した日の属する年分の当該貸金等に係る事業の所得の金額の計算上必要経費に算入する。

(1)　更生計画認可の決定又は再生計画認可の決定があったこと。　これら

の決定により切り捨てられることとなった部分の金額

(2)　特別清算に係る協定の認可の決定があったこと。　　この決定により切り捨てられることとなった部分の金額

(3)　法令の規定による整理手続によらない関係者の協議決定で、次に掲げるものにより切り捨てられたこと。　　その切り捨てられることとなった部分の金額

　イ　債権者集会の協議決定で合理的な基準により債務者の負債整理を定めているもの

　ロ　行政機関又は金融機関その他の第三者のあっせんによる当事者間の協議により締結された契約でその内容がイに準ずるもの

(4)　債務者の債務超過の状態が相当期間継続し、その貸金等の弁済を受けることができないと認められる場合において、その債務者に対し債務免除額を書面により通知したこと。　　その通知した債務免除額

1　貸倒損失の計上時期

　法人税基本通達 9 - 6 - 1 (1)、(2)（所基通51-11(1)、(2)）は、法的手続の認可の決定の時が貸倒損失の計上時期と定めており、民事再生法の再生計画認可の決定に対しては、即時抗告期間の終了とともに再生計画認可の決定が確定し、効力を生ずることになる（民事再生 9 、175、176、178）。

　会社更生法の場合には、更生計画認可の決定の時から効力を生ずることとされている（会社更生201、204）。

　また、会社法の特別清算においても、協定の認可の決定の確定により効力を生ずることとされている（同法570、571）。

2　更生計画認可の決定前の債権放棄

　更生手続においては裁判所の許可を受けた更生手続の一環として、更生計画認可の決定前に一定額の弁済を条件に債権放棄が行われることがある。

　法人税基本通達9－6－1(1)（所基通51－11(1)）は、更生計画認可の決定があった場合において、切り捨てられることとなった部分の金額を損金の額に算入する旨を定めているが、裁判所の許可を受けた更生手続の一環として、一定額の弁済を条件に債権放棄が行われるものである場合には、実質的には更生計画認可の決定による切捨てと変わるところがないといえることから、その放棄した債権相当額は、貸倒損失として損金の額に算入される。

3　合理的な基準

　法人税基本通達9－6－1(3)イの場合には、その協議決定が「合理的な基準により債務者の負債整理を定めているもの」でなければならず、例えば、すべての債権者についておおむね同一の条件でその切捨額が定められるようなことをいい、特殊な関係者だけが切り捨てられるというような場合には、一般的には合理的な基準に該当しないことになる。

　合理的な再建計画かどうかについては、支援額の合理性、支援者による再建管理の有無、支援者の範囲の相当性及び支援割合の合理性等について、個々の事例に応じ、総合的に判断するのであるが、例えば、利害の対立する複数の支援者の合意により策定されたものと認められる再建計画は、原則として、合理的なものと取り扱われ（法基通9－4－2（注））、その協議によって、切捨額が決定されている場合には、合理的な基準によるものであるとされている。

　また、特定調停において成立した調停条項に基づく債権放棄は、その手続が民事再生法における再生計画に係る一連の手続に準じており、対象となる事業者は破産法又は民事再生法による債務整理の対象となる者であるとともに、その債権放棄額も破産手続による免責額の範囲内であり、保証債務の履行を求める部分については債権放棄が行われず、また、調停条項案が専門家の支援の下に作成され、特定調停において中立公正な第三者的立場から調停委員会がその内容を確認し、これらの過程を踏まえて最終的に利害の対立する対象債権者全員の同意により調停条項が確定することからすれば、当該調停条項に基づく債権放棄の額について

は、「行政機関又は金融機関その他の第三者のあっせんによる当事者間の協議により締結された契約で、その内容が債権者集会の協議決定で合理的な基準により債務者の負債整理を定めているものに準ずるものにより切り捨てられることとなった部分の金額」に該当すると認められ、同通達9－6－1(3)ロを根拠として、法人税法上、貸倒れとして損金の額に算入されることになる（平成30年6月4日付「特定調停スキーム（廃業支援型）に基づき債権放棄が行われた場合の税務上の取扱いについて」国税庁文書回答事例）。

4　破産手続終結に係る貸倒損失

　法人税基本通達9－6－1では、会社更生、民事再生、特別清算の法的手続による場合が定められているが、破産法の手続の場合は定められていない。これは、会社更生法、民事再生法、会社法において法的に債権を消滅させる手続が定められているのに対して、破産法における法人の破産手続では配当されない部分の債権を消滅させる手続がないことによるものであると考えられる。

　法人の破産手続廃止決定又は終結決定の時点において、当然に破産法人に分配可能な財産はなく、破産債権者が破産法人に対して有する金銭債権もその全額が滅失したと考えられることから、破産手続廃止決定又は終結決定を理由に貸倒処理することができると解されている。

　個人の破産手続については、法人税基本通達9－6－1の適用ではなく9－6－2の適用が考えられる。

第3節　保証債務の会計処理及び税務の取扱い

▶法人税基本通達

（回収不能の金銭債権の貸倒れ）

　９－６－２　法人の有する金銭債権につき、その債務者の資産状況、支払能力等からみてその全額が回収できないことが明らかになった場合には、その明らかになった事業年度において貸倒れとして損金経理をすることができる。この場合において、当該金銭債権について担保物があるときは、その担保物を処分した後でなければ貸倒れとして損金経理をすることはできないものとする。

（注）　保証債務は、現実にこれを履行した後でなければ貸倒れの対象にすることはできないことに留意する。

▶所得税基本通達

（回収不能の貸金等の貸倒れ）

　51－12　貸金等につき、その債務者の資産状況、支払能力等からみてその全額が回収できないことが明らかになった場合には、当該債務者に対して有する貸金等の全額について貸倒れになったものとしてその明らかになった日の属する年分の当該貸金等に係る事業の所得の金額の計算上必要経費に算入する。この場合において、当該貸金等について担保物があるときは、その担保物を処分した後でなければ貸倒れとすることはできない。

（注）　保証債務は、現実にこれを履行した後でなければ貸倒れの対象にすることはできないことに留意する。

1　全額回収不能が明らかな場合

　この取扱いは、法的に債権が消滅していないが事実上回収不能という場合についての取扱いを定めているもので、担保物があるときはその処分後、保証人があ

る場合には保証人からも回収できないとき、すなわち、全額回収不能が明らかとなった時点で適用が認められる。

ただし、担保物の適正な評価額からみて、その劣後抵当権が名目的なものであり、実質的に全く担保されていないことが明らかである場合には、担保物はないものとして取り扱うことが認められる（国税庁質疑応答事例「担保物がある場合の貸倒れ」）。

法人税基本通達 9 － 6 － 2 のその債務者の資産状況、支払能力等からみてその全額が回収できないことが明らかになった場合とは、「債務者について破産、整理、死亡、行方不明、債務超過、天災事故、経済事情の急変等の事実が発生したため回収の見込みがない場合のほか、債務者についてこれらの事実が生じていない場合であっても、その資産状況等のいかんによっては、これに該当するものとして取り扱う等弾力的に行われるべき」とされている。

また、過去の裁判例においては、「法人の各事業年度の所得の金額の計算において、金銭債権の貸倒損失を法人税法第22条第 3 項第 3 号にいう「当該事業年度の損失の額」として当該事業年度の損金の額に算入するためには、当該金銭債権の全額が回収不能であることを要すると解される。そして、その全額が回収不能であることは客観的に明らかでなければならないが、そのことは、債務者の資産状況、支払能力等の債務者側の事情のみならず、債権回収に必要な労力、債権額と取立費用との比較衡量、債権回収を強行することによって生ずる他の債権者とのあつれきなどによる経営的損失等といった債権者側の事情、経済的環境等も踏まえ、社会通念に従って総合的に判断されるべきものである（最高裁 平成16.12.24判決・日本興業銀行事件、民集58巻 9 号2637頁）。」と判示し、債務者側のみならず債権者側の事情等も考慮すべきと解される。

2　保証人の求償権

破産債権届出期間中に保証人が主債務者の債務の全額を弁済した場合には、保証人は求償権の届出をすることができる。また、債権届出期間経過後に保証人が

全額弁済した場合には、債権者から届出名義の変更（破産113①、会社更生の場合は会社更生141、民事再生の場合は、民事再生96）を受けて、求償権を行使することができる。

　保証人が破産手続開始後に債権者に対して弁済その他の債務を消滅させる行為をしたときであっても、その債権の全額が消滅した場合を除き、その債権者は、破産手続開始のときにおいて有する債権の全額について権利を行使するこができる（破産104②）。したがって、保証人は、主債務者の債務全額を消滅させない限り、主債務者に対しては求償権の行使ができない。

3　事前求償権に対する貸倒処理の可否

　法人税基本通達 9 − 6 − 2 では、債務者の資産状況、支払能力等からみてその全額が回収できないことが明らかになった場合にはその明らかになった事業年度において貸倒れとして損金経理をすることができるとされている。しかし、同通達（注）において、保証債務は、現実にこれを履行した後でなければ貸倒れの対象にすることはできないことから、いまだに履行していない保証債務について、貸倒れとしてこれを損金の額に算入する余地はない。

　この場合の弁済とは、保証債務の確定をいうのではなく、現実に支払うことをいうため、分割支払の場合は、その支払の都度その求償権について貸倒処理することになる。

4　保証人が保証債務を履行するために資産を譲渡した場合の税務上の取扱い

　所得税法第64条第 2 項では、保証債務を履行するため資産（棚卸資産等を除く。）の譲渡があった場合において、その履行に伴う求償権の全部又は一部を行使することができないこととなったときは、その行使することができないこととなった金額（不動産所得の金額、事業所得の金額又は山林所得の金額の計算上必要経費に算入される金額を除く。）をその譲渡があった年分の譲渡所得等の金額の計算上、な

かったものとみなすと規定されている。

　所得税法第64条第2項に規定する「求償権の全部又は一部を行使することができないこととなったとき」の判定について、所得税基本通達64−1では、同通達51−11から51−16までの取扱いに準ずるとされている。そして、同通達51−11は、法人税基本通達9−6−1と同様に、金銭債権である貸金等の債権の全部又は一部の切捨てをした場合の貸倒れについて定めており、所得税基本通達51−11(3)ロでは、法人税基本通達9−6−1(3)ロと同様の場合、すなわち、金銭債権である貸金等が、行政機関又は金融機関その他の第三者のあっせんによる当事者間の協議により締結された契約でその内容が債権者集会の協議決定で合理的な基準により債務者の負債整理を定めているものに準ずるものにより切り捨てられた場合を定めている。

　したがって、保証人が保証債務を履行するためにその有する資産を譲渡し、保証債務の履行により取得した求償権を書面により放棄した場合には、所得税法第64条第2項に規定する「求償権の全部又は一部を行使することができないこととなったとき」に該当すると考えられる。

第 4 節　個人事業主の売上債権の取扱い

▶**所得税基本通達**

（事業の遂行上生じた売掛金、貸付金等に準ずる債権）

　51−10　法第51条第 2 項に規定する「事業の遂行上生じた売掛金、貸付金、前渡金その他これらに準ずる債権」（以下51−12までにおいて「貸金等」という。）には、販売業者の売掛金、金融業者の貸付金及びその未収利子、製造業者の下請業者に対して有する前渡金、工事請負業者の工事未収金、自由職業者の役務の提供の対価に係る未収金、不動産貸付業者の未収賃貸料、山林経営業者の山林売却代金の未収金等のほか、次に掲げるようなものも含まれる。

(1)　自己の事業の用に供する資金の融資を受ける手段として他から受取手形を取得し、その見合いとして借入金を計上し、又は支払手形を振り出している場合のその受取手形に係る債権

(2)　自己の製品の販売強化、企業合理化等のため、特約店、下請先等に貸し付けている貸付金

(3)　事業上の取引のため、又は事業の用に供する建物等の賃借りのために差し入れた保証金、敷金、預け金等の債権

(4)　使用人に対する貸付金又は前払給料、概算払旅費等

　売掛金、貸付金、前渡金その他これらに準ずる債権（以下「貸金等」という。）に貸倒れ等の事実が生じた場合には、その損失の金額はこれら所得の計算上、必要経費に算入する（所得451②）。

　貸金等貸倒れの事実は、客観的に貸倒れが認識できる程度の事実であることが必要となるが、その判定については次のような取扱いとなる。

(1)　会社更生法の更生計画の認可の決定又は民事再生法の再生計画の認可の決

定があったことにより、貸金等の全部又は一部が切り捨てられた場合など（所基通51−11）

(2) 債務者の資産状況、支払能力等からみて回収不能であることが明らかとなった場合（同通達51−12）。

(3) 一定期間取引停止後弁済がない場合など（同通達51−13）

これらの内容は、基本的に法人税基本通達と同様となっている。

第9章　株主の税務

　法人が会社更生手続、民事再生手続等の再建手続を開始した場合、その法人の株主の税務上の論点は、保有株式の評価損の計上となる。

第1節　法人株主の税務

　法人が会社更生手続、民事再生手続を開始した場合には、上場会社であれば、法的整理の開始手続申立てと同時に上場廃止基準に該当し、整理ポストに移行され、その市場価額は著しく下落する。

　また、非上場会社であればほぼ例外なくその法人の資産状態は債務超過の状態に陥り株式の実質価値は著しく減価していると思われ、株主としては税務上、保有株式の評価損計上の可否が問題となる。

1　上場有価証券の評価損

⑴　上場有価証券等の評価損

　上場有価証券等、つまり取引所売買有価証券（法人令119の13一）、店頭売買有価証券（同条二）及びその他価格公表有価証券（同条三）について、これら有価証券の価額（時価）が著しく低下した場合には、事業年度終了の時の価額と帳簿価額との差額につき、損金経理を要件として当該事業年度の損金に算入することができる（法人令68①二イ）。

　ただし、株主及び株主と子会社等の特殊関係（同令4）にある者が、株式発行法人の発行済株式の20％以上を有する場合の特殊関係株主等が有する株式（いわゆる企業支配株式）を除く。

▶資産の評価損の損金算入規定の概要

資産評価損の損金算入（法人33②）	会社更生法の規定による評価換えの場合（法人25②）				
	その他政令で定める事実（法人令68①）	一	棚卸資産		
		二	有価証券	イ	上場有価証券等の価額低下（企業支配株式を除く。）
				ロ	イ以外の有価証券の価額低下
				ハ	会社更生法による資産評価換え
				ニ	会社法の整理開始命令による資産評価換え
				ホ	ロ～ニに準ずる特別の事実
		三	固定資産		
		四	繰延資産		
資産評価益の益金算入（法人25③）	民事再生法及び一定の私的整理における資産の評価換えの場合				
資産評価損の損金算入（法人33③）					

(2) 価額の著しい低下とは

　法人税法施行令第68条第1項第2号イに規定する「有価証券の価額が著しく低下したこと」とは、当該有価証券の当該事業年度終了の時における価額がその時の帳簿価額のおおむね50％相当額を下回ることとなり、かつ、近い将来その価額の回復が見込まれないことをいう（法基通9－1－7）。

　上場株式等以外の株式発行法人が任意整理を行う場合にも、資産状況の悪化が推測され、この場合、株式発行法人の資産状況の著しい悪化は、法人税基本通達9－1－9(2)の実質基準で判断する。

　価額の著しい低下は、法人税基本通達9－1－13にて価額（時価）を算定し、50％基準に該当すれば、期末帳簿価額と時価との差額を評価損として損金経理することになる。

　この場合の有価証券の価額とは、法人税法施行令第119条の13第1号から第3号まで及びこれらの規定に係る取扱いである法人税基本通達2－3－30から2－3－34までにより定められている価額（以下「市場価格」という。）による。この場合の有価証券の価額とは、事業年度終了の日以前1か月間の当該市場価格の平均額による（法基通9－1－8）。

　また、「近い将来その回復が見込まれないこと」について、法人税基本通達では、それについて形式的な判断基準が示されていないが、「金融商品会計に関する実務指針」において、市場価格のある有価証券の回復する見込みがあるとは認められない例示としている。

① 　株式の時価が過去2年間にわたり著しく下落した（50％以上）状態である場合

② 　株式発行会社が債務超過の状態にある場合

③ 　株式発行会社が2期連続して損失を計上しており、翌期もそのように予測される場合

(3)　発行会社が会社更生手続、民事再生手続を申し立てた場合

　上場会社が会社更生手続又は民事再生手続を申し立てた場合には、上場廃止基準に該当し、即座に整理ポストに移行され1か月間のその銘柄の売買期間を経て上場廃止となる。整理ポスト期間は通常売り注文が殺到し、株価は数円の単位まで下がることになる。

　したがって、株主法人の事業年度終了時に整理ポストに銘柄が存在する場合には、通常は時価が帳簿価額の50％を下回っており、さらに更生計画又は再生計画が順調に推移したとしても株式価値が回復するまでには数年の歳月を要し、またこれらの計画が順調に遂行される確証がなく、近い将来に回復するとは見込まれないことから、法人税基本通達9－1－7の要件を満たし、評価損の計上が可能となると考えられる。

2　上場有価証券等以外の株式及び企業支配株式の評価損

　市場性のない株式及び上場有価証券のうち企業支配株式（以下「上場有価証券等以外の株式」という。）は、その株式発行法人の資産状態が著しく悪化し、かつ、その価額（時価）が著しく低下した場合に、期末時価と帳簿価額の差額について損金経理を要件として評価損に計上することができる（法人33②、法人令68①ニ、ロ）。

(1)　資産状態の著しい悪化

　株式発行法人の資産状態の著しい悪化については法人税基本通達9－1－9にその取扱いが示されており、下記の形式基準又は実質基準で判断することになる。

　ア　形式基準

　　法人税法施行令第68条第1項第2号ロに規定する「有価証券を発行する法人の資産状態が著しく悪化したこと」には、次に掲げる事実がこれに該当する（法基通9－1－9(1)）。

　　i　特別清算開始の命令があったこと

　　ii　破産手続開始の決定があったこと

　　iii　再生手続開始の決定があったこと

　　iv　更生手続開始の決定があったこと

　イ　実質基準

　　株主法人の当該事業年度終了の日における当該有価証券の発行法人の1株又は1口当たりの純資産価額が当該有価証券を取得した時の当該発行法人の1株又は1口当たりの純資産価額に比しておおむね50％以上下回ることとなった場合には、株式発行法人の資産状態が著しく悪化したものとされる。

　　なお、株主法人と株式発行法人の決算期が異なる場合には、実務的には、株主法人の事業年度末において直近の株式発行法人の貸借対照表をもとに判断することになる。

　　ここでいう純資産価額は時価ベースの純資産価額である。

(2)　価額（時価）の著しい低下

　上場有価証券等以外の株式に評価損が計上できるもう一つの要件、価額の著しい低下については、上場有価証券等の法人税基本通達 9 － 1 － 7 が準用されている（法基通 9 － 1 －11）。

　したがって、上場有価証券等の場合と同様に、期末時価が帳簿価額の50％を下回り、かつ、その回復が近い将来見込まれない場合をいう。

(3)　上場有価証券等以外の株式の時価

　上場有価証券等以外の株式につき法人税法第33条第 2 項の規定を適用する場合の当該株式の価額は、次の区分に応じ、次による（法基通 9 － 1 －13）。

　　ア　売買実例のあるもの　当該事業年度終了の日前 6 か月間において売買の行
　　　われたもののうち適正と認められるものの価額

　　イ　公開途上にある株式（金融商品取引所が内閣総理大臣に対して株式の上場の
　　　届出を行うことを明らかにした日から上場の日の前日までのその株式）で、当該
　　　株式の上場に際して株式の公募又は売出し（以下 9 － 1 －13において「公募等」
　　　という。）が行われるもの（イに該当するものを除く。）金融商品取引所の内規
　　　によって行われる入札により決定される入札後の公募等の価格等を参酌して
　　　通常取引されると認められる価額

　　ウ　売買実例のないものでその株式を発行する法人と事業の種類、規模、収益
　　　の状況等が類似する他の法人の株式の価額があるもの（ロに該当するものを
　　　除く。）　当該価額に比準して推定した価額

　　エ　アからウまでに該当しないもの　当該事業年度終了の日又は同日に最も近
　　　い日におけるその株式の発行法人の事業年度終了の時における 1 株当たりの
　　　純資産価額等を参酌して通常取引されると認められる価額

　　　なお、上記エでいう純資産価額は、帳簿価額ではなく時価ベースを基準と
　　　していることに留意する必要がある。また、ウとエの株式については、課税
　　　上弊害のない限り、財産評価基本通達による評価も認められている（法基通
　　　9 － 1 －14）。

⑷　増資払込み後における株式の評価損

　上場有価証券等以外の株式について、株主法人が株式発行法人の増資新株の引受けをして払込みをした場合には、仮に株式発行法人が増資直前に債務超過の状況にあり、かつ、増資後にも債務超過の状況が解消していない場合であっても、株主法人は法人税法第33条第3項の規定による株式評価損は計上できないものとされている（法基通9−1−12）。この趣旨としては、増資払込みをする以上は、当面その株式発行法人の業績の回復を期待するものであるからとの説明がされている。ただし、その増資から相当期間を経過した後に改めて、株式発行法人の資産状況及び株式の時価を見直して評価損の計上を検討できるものとされている（同通達9−1−12ただし書）。

⑸　企業支配株式の評価損

　法人の有する企業支配株式等（法人税法施行令119条の2第2項2号に規定する当該株主及び当該株主と子会社等の特殊関係のある者が有する株式が発行済株式の20%以上を占める場合の、当該株主及び特殊関係者が有する株式又は出資をいう。）の取得がその企業支配株式等の発行法人の企業支配をするためにされたものと認められるときは、当該企業支配株式等の価額は、当該株式等の通常の価額に企業支配に係る対価の額を加算し、評価損の対象にはならないとしている（法基通9−1−15）。

　その趣旨としては、株式発行法人の資産状態が悪化しても企業支配が続いている限り、企業支配権の価値に変化はないためとの説明がなされている。

⑹　株式発行法人が会社更生手続又は民事再生手続を申し立てた場合

　上場株式等以外の株式発行法人が会社更生手続又は民事再生手続を申し立てた場合は、法人株主の株式評価損に係る対応として、まず株式発行法人の資産状況の著しい悪化は法人税基本通達9−1−9⑵の実質基準で判断する。

　次に、価額の著しい低下は法人税基本通達9−1−13にて価額を算定し、50%基準に該当すれば、期末帳簿価額と時価との差額を株主法人において、申立てが行われた日が属する事業年度に損金経理をすることになる。

　なお、更生手続の開始決定又は再生手続の開始決定を受けた場合には、法人税

基本通達 9 － 1 － 9 (1)の形式基準が該当し資産状況の著しい悪化が自動的に税務上認定される。

(7)　私的整理の場合

　上場株式等以外の株式発行法人が私的整理を行う場合にも、資産状況の悪化が推測される。この場合、まず株式発行法人の資産状況の著しい悪化は法人税基本通達 9 － 1 － 9 (2)の実質基準で判断する。

　次に価額の著しい悪化は法人税基本通達 9 － 1 －13にて価額を算定し、50％基準に該当すれば、期末帳簿価額と時価との差額を評価損として損金経理することになる。

3　会社更生又は民事再生等による評価換え等

(1)　平成21年度税制改正

　評価損益の計上対象となる資産の範囲として、金銭債権評価損の計上対象から除外されている預金等について、税務上の評価損の計上対象となる資産の範囲に追加され（法人33②～④）、この改正とともに、災害による損傷等があった場合の資産の評価損の損金算入制度について、会社法及び企業会計における資産の強制評価減又は減損損失の取扱いに準拠するもの（同条②）と法律の規定に基づく資産評定額を会計上の資産の取得価額とみなす会社更生法等の規定に準拠するもの（同条③）とに区分する整理が行われた。

　具体的には、税務上の資産の評価損の損金算入制度は、以下のような事実が生じた場合の 3 類型となり、以下この 3 類型に沿ったところで改正内容を説明する。

(2)　物損等の事実又は法的整理の事実が生じた場合

　税務上の評価損の計上ができる制度に整理するとともに、次の事実が生じた場合の評価換えについては評価損の計上対象となる資産の範囲に限定は付さないこととされている（法人33②、法人令68①）。

　ア　物損等の事実が生じたことにより資産の価額がその帳簿価額を下回ること

となったこと

　この事実が生じた場合の評価換えについては、評価損の計上対象となる資産の範囲（棚卸資産、有価証券、固定資産及び繰延資産）及びその資産の区分に応じ生じた事実の要件（例えば、棚卸資産が災害により著しく損傷したこと等）が法人税法施行令第68条に定められている。

　改正によって、税務上の評価損の計上対象となる資産の範囲に預金等が追加される一方、この事実が生じた場合の評価換えについて評価損の計上対象となる資産に金銭債権が列挙されていないのは、この類型は会社法及び企業会計における資産の強制評価減又は減損損失の取扱いに準拠しているため、金銭債権に関する含み損については、企業会計における処理と同様に貸倒引当金（法人52）の定めに従って損金算入されることとなるためである。

イ　法的整理の事実が生じたこと

　評価損の計上対象となる事実である「会社更生法等の規定による更生計画認可の決定があったことにより法律の規定に従って資産につき評価換えをする必要が生じたことに準ずる特別の事実」について、「会社更生法等の規定による更生手続における評定が行われることに準ずる特別の事実」と表現が改められた（法人令68①）。この事実としての民事再生法の規定による再生手続等においては、会社更生法等とは異なり法律の規定に基づく資産評定額を資産の取得価額とみなす規定はないため、法的整理手続において資産評定が行われ、会社法及び企業会計に基づき資産の評価換えをした場合について、税務上も評価損を計上できることを明確化したものである。

　なお、この制度における評価損の計上は、上記アの物損等の事実のように資産そのものについて生じた価値の毀損によりその資産の評価損の計上を認めるものではなく、法人について破産の原因となる事実が生じていること等に伴い法的整理手続が行われ、その法人の有する資産全部についてその法人にとっての回収可能性や経済的な価値の判断が行われることを端緒に評価損の計上を認めることとし、評価損の計上対象となる資産の範囲に限定はされていない。

⑶　会社更生法等の規定による更生計画認可の決定があった場合

　法人がその有する資産につき会社更生法等の規定による更生計画認可の決定があったことにより法律の規定に従って行う評価換えをしてその帳簿価額を減額した場合には、その減額した部分の金額は、その評価換えをした日の属する事業年度の所得の金額の計算上、損金の額に算入される（法人33③）。

　この評価換えが法律の規定に基づく資産評定額を資産の取得価額とみなす（会社更生法施行規則 1 ②）など通常の会社計算規則による資産評価の例外として行われるものであること、原則としてその有する資産の全部を対象に資産評定を行う必要があること（会社更生83①）、この評価換えを含む更生手続が裁判所や多数の債権者の監視の下で公正に行われるものであることなどから、資産の種類にかかわらず税務上もその資産評定額に基づき評価損を計上することが適切であると考えられるためである。

⑷　民事再生法の規定による再生計画認可の決定その他これに準ずる事実が生じた場合

　民事再生法の規定による再生計画認可の決定その他これに準ずる事実が生じた場合において、適正な資産評定を行っているときは、評価損の額として政令で定める金額は、これらの事実が生じた日の属する事業年度の所得の金額の計算上、損金の額に算入する（法人33④）。

　これは、この評価損の計上が会社法や企業会計における評価換えを前提として行われるものではないこと、原則としてその有する資産の全部を対象に資産評定を行う必要があること（法人令24の 2 ③、68の 2 ②）、この再生手続又は債務処理を行うための手続が裁判所や多数の債権者の監視の下で公正に行われるものであること又は税務上認められた公正な要件の下で行われるものであることなどから、評価損の計上に適しないものを除き資産の種類にかかわらずその資産評定額に基づき評価損を計上することが適切であると考えられるためである。

⑸　民事再生に準ずる私的整理の事実の範囲

　再生計画認可の決定に準ずる事実とは、私的整理におけるその債務処理に関す

る計画が次の①から④の要件又は①から③及び⑤の要件を満たすものであること
とされている（法人令24の２、68の２）。

①　一般に公表された債務処理を行うための手続についての準則（公正かつ適
　　正なものと認められるものであって、次に掲げる事項が定められているものに限り、
　　一定のものを除く。）に従って策定されていること。

　　ⅰ　債務者の有する資産及び負債の価額の評定（資産評定という。）に関する
　　　事項（公正な価額による旨の定めがあるものに限る。）

　　ⅱ　その計画がその準則に従って策定されたものであること並びに②及び③
　　　に掲げる要件に該当することにつき確認をする手続並びにその確認をする
　　　者に関する事項

②　債務者の有する資産及び負債につき①ⅰに規定する事項に従って資産評定
　　が行われ、その資産評定による価額を基礎としたその債務者の貸借対照表が
　　作成されていること。

③　②の貸借対照表における資産及び負債の価額、その計画における損益の見
　　込み等に基づいて債務者に対して債務免除等をする金額が定められているこ
　　と。

④　２以上の金融機関等（次に掲げる者をいい、その計画に係る債務者に対する
　　債権が投資事業有限責任組合契約等（いわゆる LPS や LLP を指す。）に係る組合
　　財産である場合におけるその投資事業有限責任組合契約等を締結している者を除
　　く。）が債務免除等をすることが定められていること。

　　ⅰ　預金保険法に掲げる金融機関（協定銀行を除く。）

　　ⅱ　農水産業協同組合貯金保険法に規定する農水産業協同組合

　　ⅲ　保険業法に規定する保険会社及び外国保険会社等

　　ⅳ　株式会社日本政策投資銀行

　　ⅴ　信用保証協会

　　ⅵ　地方公共団体（ⅰからⅴまでに掲げる者のうちいずれかの者とともに債務
　　　免除等をするものに限る。）

⑤　政府関係金融機関（株式会社日本政策金融公庫、株式会社国際協力銀行及び沖縄振興開発金融公庫をいう。）、株式会社企業再生支援機構又は協定銀行（これらのうちその計画に係る債務者に対する債権が投資事業有限責任組合契約等に係る組合財産である場合におけるその投資事業有限責任組合契約等を締結しているものを除く。）が有する債権その他一定の債権につき債務免除等をすることが定められていること。

(6)　評価損益の計上の対象とならない資産

次に掲げる資産は、資産の評価損益の計上ができないこととされている（法人令24の2④、68の2③）。

①　再生計画認可の決定に準ずる事実が生じた日の属する事業年度開始の日前5年以内に開始した各事業年度（前5年内事業年度等という。）において次に掲げる規定の適用を受けた減価償却資産（その減価償却資産が適格合併、適格分割、適格現物出資又は適格現物分配により被合併法人、分割法人、現物出資法人又は現物分配法人（被合併法人等という。）から移転を受けたものである場合には、被合併法人等の前5年内事業年度等において次に掲げる規定の適用を受けたものを含む。）

　ⅰ　国庫補助金等で取得した固定資産等の圧縮額の損金算入

　ⅱ　特別勘定を設けた場合の国庫補助金等で取得した固定資産等の圧縮額の損金算入

　ⅲ　工事負担金で取得した固定資産等の圧縮額の損金算入

　ⅳ　非出資組合が賦課金で取得した固定資産等の圧縮額の損金算入

　ⅴ　保険金等で取得した固定資産等の圧縮額の損金算入

　ⅵ　特別勘定を設けた場合の保険金等で取得した固定資産等の圧縮額の損金算入

　ⅶ　個別益金額又は個別損金額の益金又は損金算入（ⅰからⅵまでに掲げる規定により個別損金額を計算する場合に限る。）

　ⅷ　転廃業助成金等に係る課税の特例

② 短期売買商品の譲渡損益及び時価評価損益の益金又は損金算入の規定による短期売買商品

③ 売買目的有価証券の評価益又は評価損の益金又は損金算入等の規定による売買目的有価証券

④ 償還有価証券の帳簿価額の調整の規定による償還有価証券

⑤ 少額資産

第2節　個人株主の税務

　債務者企業において会社更生や民事再生手続等が行われた場合に、株式の市場価額の下落又は資産状況悪化を理由として、法人税法と同様に個人株主において株式の評価損が必要経費に算入されるかという問題がある。

▶所得税法

（資産損失の必要経費算入）

第51条　居住者の営む不動産所得、事業所得又は山林所得を生ずべき事業の用に供される固定資産その他これに準ずる資産で政令で定めるものについて、取りこわし、除却、滅失（当該資産の損壊による価値の減少を含む。）その他の事由により生じた損失の金額（保険金、損害賠償金その他これらに類するものにより補てんされる部分の金額及び資産の譲渡により又はこれに関連して生じたものを除く。）は、その者のその損失の生じた日の属する年分の不動産所得の金額、事業所得の金額又は山林所得の金額の計算上、必要経費に算入する。

2　居住者の営む不動産所得、事業所得又は山林所得を生ずべき事業について、その事業の遂行上生じた売掛金、貸付金、前渡金その他これらに準ずる債権の貸倒れその他政令で定める事由により生じた損失の金額は、その者のその損失の生じた日の属する年分の不動産所得の金額、事業所得の金額又は山林所得の金額の計算上、必要経費に算入する。

3　災害又は盗難若しくは横領により居住者の有する山林について生じた損失の金額（保険金、損害賠償金その他これらに類するものにより補てんされる部分の金額を除く。）は、その者のその損失の生じた日の属する年分の事業所得の金額又は山林所得の金額の計算上、必要経費に算入する。

4　居住者の不動産所得若しくは雑所得を生ずべき業務の用に供され又はこれらの所得の基因となる資産（山林及び第62条第1項（生活に通常必要でな

い資産の災害による損失）に規定する資産を除く。）の損失の金額（保険金、
損害賠償金その他これらに類するものにより補てんされる部分の金額、資産の
譲渡により又はこれに関連して生じたもの及び第1項若しくは第2項又は第72
条第1項（雑損控除）に規定するものを除く。）は、それぞれ、その者のそ
の損失の生じた日の属する年分の不動産所得の金額又は雑所得の金額（こ
の項の規定を適用しないで計算したこれらの所得の金額とする。）を限度とし
て、当該年分の不動産所得の金額又は雑所得の金額の計算上、必要経費に
算入する。

5　（略）

　事業用資産において必要経費に算入できる資産損失は物理的損失に限られるこ
とになり、有価証券評価損のような未実現損失は必要経費に算入できない（所得
51①）。

　また、有価証券自体が事業用資産に該当するということはできず、所得税法第
51条第4項の業務用資産にも該当しないため、保有株式の評価損は必要経費に算
入できない。

　このように所得税法上、株式の評価損はもちろんのこと、資産の評価損を所得
から控除することはできない。

〔著者略歴〕

橘　素子（たちばな　もとこ）

税理士

昭和57年3月　明治大学法学部法律学科卒業
同年4月　東京国税局に採用
東京国税局、東京国税不服審判所、麹町税務署等において勤務
令和元年7月　退官
令和元年8月　税理士登録
日本大学経済学部大学院経済学研究科租税研究コース講師

〔主な著書〕
最近の判例に学ぶ徴収実務（大蔵財務協会）
租税公課徴収実務のポイント300選（大蔵財務協会）
市町村職員のための徴収実務ハンドブック（大蔵財務協会）
第二次納税義務制度の実務（大蔵財務協会）
滞納処分と民事執行の実務（大蔵財務協会）

他多数

企業再生の税務
~民事再生・会社更生・破産手続詳説~

令和2年6月19日　初版印刷
令和2年6月30日　初版発行

不　許
複　製

著者　　橘　　素子

（一財）大蔵財務協会　理事長
発行者　　木村幸俊

発行所　　一般財団法人　大蔵財務協会
〔郵便番号　130-8585〕
東京都墨田区東駒形1丁目14番1号
（出版編集部）TEL03(3829)4142・FAX03(3829)4005
（販　売　部）TEL03(3829)4141・FAX03(3829)4001
http://www.zaikyo.or.jp

乱丁・落丁はお取替えいたします。　　　　　印刷／㈱恵友社
ISBN978-4-7547-2734-5